自発的隷従の日米関係史

自発的隷従の日米関係史

日米安保と戦後

松田　武
Takeshi Matsuda

岩波書店

はじめに

歴史学は、「変化(Changes)」と「連続性(Continuity)」の問題を扱う学問である。連綿と続く「連続性」の中で、なぜ「変化」が起きたのか。どのようにしてある時代から次の時代へと移行したのか。これらの問いに対して、「変化」をもたらした原因や理由、それにその過程を明らかにすることが、歴史学の中心的課題である。

同時に、歴史学は未発の可能性をさぐる学問でもある。著名な歴史家エドワード・H・カーは、「歴史とは(よりよい社会をめざすための)過去と現在の対話である」と述べた。歴史上の転換期にはいくつかの選択肢が存在する。実際に展開しなかったが、展開する可能性のあったものを「未発の可能性」と呼んでいる。数ある選択肢の中から一つが選ばれ、歴史が展開する。そのことは、何らかの事情や状況いかんでは別の選択肢が選ばれ、それが歴史になったかもしれないことを意味している。「未発の可能性」を意識し歴史を研究することは、自らの想像力や構想力を豊かにし、歴史解釈も豊かになるのではないかと、筆者は考えている。

政府指導者がまるで金科玉条であるかのように、「日米同盟は日本外交の基軸」と口にするのを私たちは耳にすることがある。米国との良好な関係を保つことが、わが国にとって極めて重要であることは今さら言うまでもない。さらに、健全な同盟関係を維持し発展させるには、二国間関係が国民の正しい理解と尊敬の念によって支えられていることが不可欠である。そうであるならば、果たして私たち国民の米国理解は、どの程度正しく、幅広く、深いものであるのか。そして、「日米同盟」関係は、どの程度国民の理解と尊敬の念によって支えられているのか。

周知のように、米国では四年に一度大統領選挙が行われる。その際にわが国のマス・メディアは、民主・共和の両党が党の大統領候補者を選ぶ予備選挙の段階から大統領選挙の行方を占い、微に入り細に亘り報道するのが常である。各テレビ局は、本選挙の日が近づくにつれて多くのゴールデンアワーを割き、取材記者をはじめ評論家、タレント知識人、それにアイドルまで動員して大統領選挙の報道をしているように思われる。二〇二〇年の大統領選挙の場合も例外ではなかった。その報道ぶりは、まるで住民を総動員して年に一度行われる「祭り」にも似たわが国特有の現象と言ってよいかもしれない。

米大統領選挙のテレビ報道からは、米国の選挙制度の「勝者総取り方式(Winner-Take-All)」の仕組みの説明が目立ち、それを下支えする米国民の価値観や政治思想にまで掘り下げた説明は不思議なことにほとんど見受けられない(「勝者総取り方式」とは、州や郡レベルの選挙区で最多得票を得た陣営が、その選挙区に割り当てられた議席や代議員票のすべてを獲得する選挙の仕組みをいう)。

戦後、日米両国民は緊密な関係を続けてきたにもかかわらず、太平洋の両岸では実のところ「相手国の実情がよくわからない」といった声を耳にすることがある。まさにその声は、今もなお日米文化関係の底の浅さ、つまり相手国について肝心なところはあまり理解されていないことを物語っていると思われる。

二〇二一年は、サンフランシスコ平和条約ならびに日米安全保障条約(以下、日米安保条約と略記)締結七〇周年の節目の年にあたる。筆者は、これまで半世紀余り米国を直に観察しながら、アメリカ史研究に取り組んできた。そして、サンフランシスコ平和条約ならびに日米安保条約の締結を現在の日米関係の原点と捉えている。本書は、七〇周年を節目に戦後の日米関係を今一度見つめ直すことにより、日米両国民の相互理解を深め、究極的には現在の地球社会を少しでも住み良い平和な社会にする手掛かりを見つけるための試論である。

本書では、日米関係を「イコール・パートナーシップ」とは程遠いものにさせている二国間関係の桎梏の原因を明らかにするために、過去にも触れながら両国の政治・文化・思想・価値観などを中心に考察したい。そして、戦後から今日に至る日本政府の対米追随、もしくは対米従属や対米隷従と言われる対米姿勢は、政府あるいは国民が、それとも双方が、主体的に選んだ選択肢なのか、それとも米国の圧力の下で選ばざるを得なかった選択肢なのかの問いについても考えてみたい。

次に、本書の構成について述べておきたい。

本書は三部構成からなっている。第Ⅰ部は、「日米関係とアメリカ史」と題した序論で第1章から第3章で成る。第Ⅱ部と第Ⅲ部は本論である。第Ⅱ部は、「強いられた「自発的隷従」」と題し、第4章と第5章から成る。第Ⅲ部は、「「自発的隷従」の固定化」と題し、第6章から第10章までの五章から成っている。

第1章では、導入として、五種類の日米関係史研究の接近法と研究方法が紹介された後、続いて、近年の日米関係史研究の特徴と筆者の基本的視点が展開される。そして、補足として「日米安保体制のもう一つの顔」について考察される。

第2章では、「日本はいかに米国と付き合うべきか」の問いへの答えとして、筆者の「米国像」が、紹介される。それは、一九六〇年代からおよそ半世紀にわたりアメリカ研究に取り組んできた筆者の「アメリカ史・アメリカ文化」に関する私論である。幾度かの米国留学と米国での滞在生活、それにアメリカ人との交流を通して得た情報や知見が土台となっている。

第3章では、変わりそうで変わらない「米国の深層文化」を取り上げる。そこでは、歴史における「未発の可能性」を探る試みとして、昭和天皇の「沖縄メッセージ」、「スマート・ヤンキー・トリック」などの問題、それにアメリカ国民の気質やアメリカ文化の「光と翳」などが分析される。

次に第Ⅱ部へと進む。第4章では、対日占領に終止符を打ち、日米関係を新たにスタートさせたサンフランシスコ平和条約と日米安保条約を取り上げる。米国がとりわけこだわった日本本土および沖縄の「基地」権について軍事・経済・文化の側面から考える。

第5章では、一九六〇年代の日米関係を考察するための準備作業として、五〇年代の日米両国における政治・社会・文化の主な出来事とその意義について述べる。

次に第Ⅲ部へと進む。第6章では、一九六〇年代の日米関係の展開を考察する準備作業として、一九五〇年代の日米両国における政治・社会・文化の主な出来事とその意義について述べる。

第7章では、文化外交としての日米文化交流教育会議（カルコン）の意義が検討される。一九六一年六月の日米共同声明を受けて、六二年に東京で開催された日米文化教育交流会議を日米「イコール・パートナーシップ」の側面から考える。

第8章では、一九六〇年代から七〇年代にかけて、「とげ」となって日米両政府を苛立たせた「ガリオア・エロア返済金問題」と日米関係について述べる。従来の研究では、同問題は後景に押しやられ、陰に隠れた感は否めないが、後に一九七五年の日米友好法の成立と日米友好基金(The Japan-United States Friendship Commission)の創設へと繋がったことを鑑みれば、検討するに値すると考える。

第9章では、復興の象徴としての一九六四年の歴史的意義を考察する。そこでは、六〇年代後半の最大の懸案であったヴェトナム戦争と反戦運動の高まり、沖縄返還交渉などを取り上げ、ライシャワー米大使の果たした役割が分析される。

第10章では、沖縄返還と日米関係の展開について論じる。日米交渉によって沖縄の施政権の返還が実現された一方で、日本政府が米国に「基地の自由使用」を容認したことにより、現日米安保体制がより強化されることになったと説明される。

「おわりに」では、国際政治において「核の抑止力」が果たす役割、その「プラスとマイナス」の影響、日本国民の「核アレルギー」などについて述べた後、厳しい試練下にある現在の日米関係をいかに人間化(humanize)するか、そして、いかにして日米関係を日米両国民の信頼と尊敬に支えられた二国間関係に発展させるかについての筆者の提言を提示する。

最後に、本書が、今後の日本の進路と日米関係の在り方について考える一助となれば幸いである。

信念の行為としての歴史叙述（"Written History as an Act of Faith"）

——チャールズ・A・ビアード（一九三四年）

今やまさしく徹底的な批判の時である。だが社会全体を批判すべき時なのです。

——ジェームズ・レストン（一九五八年）

私たち米国民は、私たちの犯した過去の過ちや現在の行動を改めることができますよ、と私たちに忠告してくれる海外の友人を必要としています。

——ウィリアム・アプルマン・ウィリアムズ（一九八六年）

心理的に（あくまでも心の問題です）一度日米安保を切り、改めて日米安保を結び直すくらいの態度でないと、流れに任せてしまうことになりましょう。

——斎藤眞（一九九七年九月七日付、筆者宛書簡）

目次

はじめに

第Ⅰ部　日米関係とアメリカ史

第1章　日米関係史の接近法と基本的視点……3
第2章　日本が付き合う米国とはどのような国か……25
第3章　変わりそうで変わらない米国の深層文化……47

第Ⅱ部　強いられた「自発的隷従」

第4章　日米関係の新スタート……63
第5章　日米から見える「一九五〇年代」という時代……77

第Ⅲ部　「自発的隷従」の固定化

第6章　ライシャワーと日米新時代 …… 89
第7章　文化外交としての日米文化教育交流会議 …… 103
第8章　ガリオア・エロア返済金問題と日米関係 …… 127
第9章　復興の象徴としての一九六四年 …… 139
第10章　沖縄返還と日米関係の展開 …… 153
おわりに …… 165
注
参考文献

第 I 部

日米関係とアメリカ史

第1章　日米関係史の接近法と基本的視点

わが国と米国（例外を除き、以下アメリカ合衆国を米国と略記）の関係は、日米和親条約が締結された一八五四年から現在まで、およそ一七〇年の長きにわたり続いている。その間に歴史家は、大別すれば次の五つの分析法を駆使しながら日米二国間の関係史を研究してきたと言えよう。

一つは、日米関係を国の対外政策の基軸と捉え、その政策決定過程や外交交渉の過程を研究する方法である。

二つは、日米間の争点に関する研究、あるいは政策指向型の研究法である。たとえば、オレンジや繊維製品の対米輸出問題、それに、金融、通商などの領域別に特化した問題を取り上げ、それを通して日米関係の特質を明らかにする研究方法である。

三つは、主としてイメージ論に依拠しながら、日米が互いに相手国をどのように認識しているかを分析する研究法である。

四つは、「世界システム」分析法がある。世界システム視座とは、世界全体が有機的に統一されたシステムであるという前提のもとに、世界全体を一つの分析単位と捉え、部分(研究対象)とシステム全体の関係を、長期的な脈絡において明らかにする研究法を言う。「世界システム」分析法を用いて日米関係を研究する場合、まず研究対象を世界システムの中に位置づけるとともに、研究対象が表象する日米関係の変容過程を長い歴史と世界システムの脈絡において明らかにすることが期待される。(1)

五つは、黒船の来航から現在までの日米関係全史を時期区分し、各々の時期の特徴と変化の理由を明らかにする研究法である。

その一つ目は、政権の座にある民主党あるいは共和党の党綱領やイデオロギー、大統領の個性(パーソナリティ)や世界観、それに大統領の対外政策スタイルなどを分析の対象にして、各々の時期の日米関係の特徴を活写する方法である。たとえば、「レーガン政権期の日米関係」とか「クリントン政権の日米関係」といった研究がそれに当たる。

二つ目の方法は、切れ目の良い一定の期間、たとえば一〇年あるいは五〇年を一つの単位として日米関係全史を時期区分し、各々の時期の特徴と変化の原因を明らかにする方法である。たとえば、「戦後五〇年の日米関係」とか、「一九八〇年代の日米関係」といった研究がそれに当たる。

三つ目の方法は、戦争や大不況など危機的な出来事を歴史の分水嶺と捉え、その前後に社会が、時代が、どう変化したか、変化しなかったかを明らかにする研究法である。一例として、「冷戦終了」を分岐点にして、冷戦終了の前と後で日米関係がどう変容したのか、しなかったのか。変化をもたらした要因は何であったかを明らかにする研究法である。「冷戦期の日米関係」とか「ポスト冷戦期の日米関係」などの研究がそれに当たる。

日米関係研究の特徴について

米国は、一八五三年の黒船の来航以来、わが国にとって太平洋を挟んだ重要な隣国であり、それゆえに研究者はもちろんのこと、国民にとっても大きな関心の的であり続けている。それは、日米関係を扱った書籍の数と量を見ても、また国民の二〇二〇年米大統領選挙への関心度を見ても明らかであろう(2)。

日米関係関連の研究リストを一瞥して気付くことは、その多くが個別的なテーマ、中でも安全保障や金融および貿易問題を扱ったものがとりわけ多いことである。それに対して、文化や文化交流そのものを扱った研究書は意外と少ない。国内政治と国際政治・外交を関連させた研究や、日米関係の全体像を描いたスケールの大きい研究となると、その数はさらに少ない。このような偏りが日米関係の研究に見られるのは、次の三つの事情がその要因として働いているように思われる。

一つ目は、近年、目を見張るほどの情報・科学技術の進展と特殊化により、研究水準の向上と分業の高度化が見られることである。その中で、年を追っていくごとに学問領域の特殊専門化(specialization)と専門化(professionalization)が進んだ。もっとも専門化傾向は、最近始まったわけではなく、オルテガ・イ・ガゼット(José Ortega y Gasset)の指摘にあるように、それは、「百科全書派」的人間を文明人と呼んだ時代からすでに始まっていた(3)。

学問の研究領域においても専門化が進み、それにより研究者の間に書きやすい自己完結的なテーマを選んだり、全通史的展望を失った特定の時代やテーマについて断片的に研究したりする傾向が強まっている。そのために、自分の専門外の周辺領域にも広く目を配り、研究課題を全体の学問体系の中に位置づける作業や、その研究課題が現在とどのように繋がり、影響を与えているのかという作業が敬遠されがちであるように思われる。

二つ目は、日米関係の構造に関連する問題である。筆者は、軍事（安全保障）、経済、文化の三要素が、「糾《あざな》える縄のように」縒《よ》り合わさり、三位一体となって日米関係をつくり上げている、と捉えている。日米関係のこの捉え方が正しいとすれば、研究者は、軍事、経済、文化のうちの一要素が、他の要素とどこでどのように絡み合い、どこで終わっているのか、そして、その関係が日米関係全体にどのような働きをしているのかを実証的に明らかにすることが、日米関係の全体像を描く上で避けて通ることのできない作業となってくるであろう。軍事、経済、文化のすべての面に満遍なく目を配り、日米関係の全体像を世界的な視野と長い歴史の脈絡において描いた研究書が望まれるが、それは決して簡単な作業ではない。なぜならば、特に近年の爆発的な資料の増加が、全体像を描いた研究書の数を少なくさせている要因になっていると思われるからである。

三つ目は、最近の厳しい米中関係が示唆しているように、刻々と変化する東アジア情勢の中で、世界は覇権交代の転換期を迎えている。それに連動するかのように、日米関係が年ごとに重要性を増している。国際社会での日本の立ち位置はどうあるべきか。今後の日本外交はどうあるべきか。これらの問いへの答えを見つけるために、日米関係を新たな視点から見つめ直す必要性が高まっているように思われる。国民の米中関係や日米関係への関心が高まる中で、歴史上の著名な人物が残した日記、書簡、報告書などの様々な書類、すなわち一級資料に自由にかつ公平にアクセスできるかどうかは、研究者にとって重要な関心事である。

わが国では、公文書保存運動や請願活動などのたゆまぬ努力の成果として、やっと二〇〇一年四月に情報公開法が施行され、「三〇年ルール」(4) に沿って戦後外交文書が公開されるようになった。しかし、残念なことに、近年日米両国において保守化の傾向が進んでいる中で、両政府は機密扱いのリストから外された外交文書でさえ開示に慎重であるばかりか、消極的にさえなっているように思われる。

この点に関連して、少しばかり私事を述べることをお許し願いたい。筆者は、仕事の関係で首都ワシントン郊外の米国立公文書館に文献資料を読みに何度か通ったことがあった。しかし、その文献資料の保管場所を突き止めるのが至難の業で、その都度、同公文書係員に大変世話になった。

数年前にある研究テーマの調査で行った時もそうであった。やっとのことで入手が可能となった文書を一枚ずつチェックしたところ、公文書フォルダの中の相当数の文書が「国家安全保障」という理由から、黒塗りにされ、全く読むことができなかった。その理由を公文書係員Ｄ・Ａ・Ｌ氏（個人情報保護の点から氏のイニシャルのみに留めた）に尋ねたところ、「『日米関係ならびに日本の国内政治への影響が懸念されるため、……に関する文書は機密扱い（非公開）にされたい』との強い要請が最近、在ワシントン日本大使館からあり、米公文書館としてはそのような措置を取らざるを得なくなった」との答えが返ってきた。

確かに、米国では情報公開法によって、情報公開の制度が確立している。研究者が一定の手続とステップを踏みさえすれば、特別な場合は例外として、非公開の公文書を後日(どれほどの日数と費用がかかるかは定かでないが)手に取って読むことができることになっている。しかし、筆者のような海外からの短期滞在者にとっては、上記の手続を取ることさえ難しかった。大変残念ではあったが、結局、資料の開示請求を断念せざるを得なかった。恐らく読者の中には、このような経験をされた方も少なくないであろう⑤。

文献資料へのアクセス問題に加え、最近では大学や研究機関が、教育指導や雑用に追われる多忙な教員や研究者に、目に見える形の研究成果を数多く、しかも短期間に求める傾向が強くなっている。このような状況下において、世界全体から日米関係を俯瞰的に捉えたスケールの大きい研究成果を出版することが、近年一段と難しくなっているように思われる。

分析の基本的視点

今、机上に『日米関係五十年』(入江昭著)がある。副題は「変わるアメリカ・変わらぬアメリカ」である。副題が示しているように、私たちは、一方で、時代とともに変わる「変化」と、他方で、時代が過ぎていっても変わらない「不易」の両方の中で生きている。

では、日米関係の「不易なものとは何か」と尋ねられれば、月並みな答えであるが、筆者はためらうことなく次のように答えるであろう。米国の対日政策は、「善意からではなく、明確に自覚した自らの国益に基づいた」ものであり続ける、と⑥。なぜならば、米国はこれまでと同じようにこれからもあくまで国益優先の立場から日本を眺め続けていくと考えるからである。

もう一つ私たちの頭の隅に是非とも置いておくべき点は、日米間に見られるインフォメーション・ギャップの問題であろう。日本では、質はともかく頻度において、政府やメディア関係者それに国民が米国について議論したり解説したりすることが非常に多い。それに対して米国では、日本研究者や一部のインテリ以外は、政府関係者およびマスコミ関係者を含め国民の大半が、日本人が米国を知っているほどには「日本について知らない」ということである。このインフォメーション・ギャップが、これまで日米両国の関係に少なからず影響を及ぼしてきたという点である。

冒頭で筆者が米国の対日政策の性格について触れるのは、上述の二点を心に留めておくことが、これからの日米関係を考えていく上で、さらには日米両国民が相互理解に基づいて信頼し合い、友好的な関係を長きにわたって保っていく上で、極めて大事なことであると考えているからである。ところで、米国の対日政策の核心をとらえた、「善意からではなく、明確に自覚した自らの国益に基づいた……」は、米国の外交史家ハワード・Ｂ・ショーンバーガー氏の名著からの引用であることを付記しておきたい。

日米関係の捉え方——三つの行為主体（アクター）

戦後日米関係について筆者は、次の日米の三つの行為主体が、ある時は国際舞台で協力し、また別の時は反発しながら、二国間関係の大河ドラマを繰り広げてきた、と大ざっぱに捉えている。日米関係の第一の行為主体が米国で、第二の行為主体が日本の保守勢力、そして第三の行為主体が日本の国民と考えている。そこで、まず戦後日米関係に登場する行為主体の横顔を順次描いてみたい。

第一の行為主体としての米国——その横顔

米国は、独立を達成してから二〇世紀前半まで、大西洋と太平洋という自然の障壁により国の安全が守られたため、孤立主義の伝統を保ってきた。その方針は、初代米大統領ワシントンの「告別演説」(一七九六年)にはっきりと見て取れる。しかし、二〇世紀に入ると、米国は第一次と第二次の世界大戦に参戦することになった。その経験から、米国は孤立主義の高い代価を払う一方、他方で貴重な教訓も学んだ。

その教訓の一つが、独裁者に毅然とした態度をとることの重要性と、「力による平和の維持」に関する教訓である。すなわち、独裁者には妥協することなく断固反対し、そして、事態が戦争に発展するならば軍事力をフルに動員して、独裁者の野心を完膚なきまで打ち砕くことであった。その教訓の背景には、一九三八年の英国の宥和政策が、第二次世界大戦勃発の大きな引き金となったという反省があった。

もう一つの教訓は、国の安全を確かなものにするには、臨戦態勢の周到な準備(preparedness)と、将兵がひと時も気を緩めることなく緊張感を持ち続けることの重要性であった。これまでこの教訓は、米国人が一九四一年の「真珠湾奇襲攻撃」の反省から学んだものと説明されてきた。それに異議を唱えるわけではないが、筆者は、同時に、「真珠湾奇襲攻撃」事件によって、米国人に共有されたピューリタン的世界観の正しさが再確認され、米国人の心底にさらに強固に根付くことになったと考えている。ところで、ピューリタン的世界観とは、「片時も警戒心を緩めてはいけない。だれかがどこかで、隙あらば襲おうと監視している」、あるいは「理想郷である米国を破壊しようと、誰かがどこかでその機会を狙っている、あるいは企んでいる」というカルヴィニズムの強い影響を受けたある種のパラノイア（妄想症）である。

現代の国際状況において、国の「パワー」は、経済、軍事、政治、思想、世論などの総合力であると言われている。しかし、国の安全や、世界平和と秩序を維持するとなると、中でも軍事力が最も重視されるのが常である。

戦後米国は、米国の理想とする「自由で開かれた資本主義的世界秩序」を築き、維持することを世界戦略の目的としてきた。そして、米国は、核兵器システムを含めた世界最強の軍事力を背景に、国際連合などの様々な国際機関を設置するとともに、北大西洋条約機構などの軍事網を世界各地に張り巡らすことによって世界平和を維持し、世界の国々が網の目状に結ばれた自由市場経済秩序を維持することに努めた。たとえば、一九七〇年の対外政策に関する第一次議会教書においてニクソン大統領が、「米国の軍事力と世界各地に張り巡らされた同盟網に支えられた民主主義と繁栄が安定と平和を確実なものにする」[7]と述べたように、米政府は、二度の世界戦争を戦う高い代償を払う一方、上記の教訓を最大限活用しつつ、第二次大戦後から現在に至るまで世界戦略を展開したのであった。

米国の世界戦略の目的を達成するのに外交戦術もまた重要であった。米政府は、外交戦術として、できるならば「ソフト・パワー」で、必要ならば「ハード・パワー」で国外の諸問題に対処することを原則としてきた。ここで言う「ソフト・パワー」とは、その効果が現れるまで相当の時間を要するが、しかしコストを最小限に抑えることのできる手段をさしていた。たとえば、米国特有の政治や文化の魅力、留学・教育プログラム、それに国際舞台でのリーダーシップなどがそれである。一方、「ハード・パワー」は、即効性はあるがコストの嵩む手段、すなわち経済制裁や軍事力を意味している。ところで、「ソフト・パワー」を選ぶか「ハード・パワー」を選ぶかの判断の物差しは、損得勘定や費用対効果計算に基づいていた。

したがって、米政府は、世界戦略と反共産主義の点からその解決策が国益に資すると判断すれば、躊躇なく米国の望み通りに国際問題を処理してきた。例えば、日米関係の文脈において述べれば、日本政府が米政府に行政協定の「米軍基地管理権」の見直しを求めてきた時は、米政府はその都度躊躇することなく日本政府の要求を突っぱねてきたということである[8]。

ウィリアム・L・ニューマンが、「日米関係は、運命に対する米国の一つの信念から生まれた」と述べたように、米国のもう一つの特徴は、使命感の強い理念の国という点にある[9]。たとえば、米国は、第二次世界大戦後、自国の民主主義をモデルにして日本を「自由で民主的な」国に作り変えようと試みた。当時の米国人の行動には、人類が作り出した最高の政治制度としての民主主義とアメリカ文化への自信がみなぎっていた。

米国人は、アメリカ民主主義とアメリカ文化を海外に伝播することで、「教師の役割」としての自らの使命を果たそうとしたのである。日本を民主化するという米国の実験がどの程度成功したかはさておき、米国人が日本に残した占領改革の遺産は、彼らの使命感の強さを印象付けるものである。

米国は、占領改革の領域にとどまらず、これから先もずっと日本が米国に協力的であり続けることに大きな期待をかけた。なぜならば、もし米国の理想とするイメージに日本を作り変える（改造する）ことができれば、現在と未来において日本の行動が予測しやすくなる上に、それだけ日本が扱いやすくなり、日本から対米協力を取り付けやすくなるからであった。

それとは逆に、日本政府の言動に「米国離れ」の兆しが見受けられたり、日本が「米国の良き生徒」の像からはずれた行動をした時は、米国は、日本への失望や幻滅を隠さないばかりか、場合によっては、それが「背信」行為であるとか、日本を「恩知らず」の国と呼んで、憤りや苛立ちを露わにすることが少なくなかった。

加えて、米国は、日本から対米協力を取り付けるために、日本を米国の世界戦略と反共主義の枠組みにしっかりと組み入れ、日本を管理することに多くの神経を使ってきた。その際に、米国は、国際社会から孤立したくない日本人の国民性と、日本が軍国主義に走った一九三〇年代の教訓を念頭に置きながら、日本が国際社会から孤立しないよう対日政策において多大な注意と配慮を払うのであった[10]。

第二の行為主体としての日本の保守勢力——その横顔

第二の行為主体は、大きく分けて二つの保守集団からなっている。一つは、戦前から戦後まで生き延びた保守政治家と、戦後新たに台頭した経済界の指導層ならびに国家官僚などから成る日本の支配層である。前者は、吉田茂、鳩山一郎、芦田均、岸信介、それに旧財閥の末裔などで、後者は、金融および産業界の指導者、それに殖田俊吉などの大蔵省および外務省の国家官僚など、いわゆる日米「同盟の橋頭堡」の役割を果たす勢力である。[11]

もう一つの保守集団は、中・小都市の指導者層や農・漁村部の大半の住民からなっている。彼らは、関税問題など自己の経済利益や、インフラ開発事業計画など居住地域の利害に直結する問題に関心を示すが、国際問題に関心を示すことは少ない。ゆえに、彼らの対外政策への影響力は、時おりのロビー活動や陳情の場合を除き、限定的である。しかし、彼らが保守主義者であることに変わりはなく、前者との共通点は反共主義にあった。

要するに、保守勢力の関心は、日本独自の「天皇制を基本としつつ国民統合」のあるべき姿、いわゆる「国体」を共産革命の脅威から護ることと、「資本主義」、すなわち私有財産制度を脅かす共産主義拡大の阻止、それに、日本の文化的伝統を堅持することにあった。[12]

保守支配層は、反共主義者であると同時に、現実主義的なプラグマティストで、かつナショナリストであった。彼らは、占領期に米国から導入された「自由」や「人権」、それに「民主主義」の政治理念を受け入れ、広めていくことよりも、失われつつある戦前の日本の伝統的な価値や諸制度を再び復活させることの方に熱心であった。

米政府の対日交渉担当官は、交渉相手である日本政府の高官が、「貴国が私たち日本政府に何をしてほしいのかをご教示願いたい。但し、公の場で私たちに圧力をかけるようなことはしないで頂きたい（"Tell us what you want us to do, but don't press us publicly."）」と口にするのを、しばしば耳にするという。[13]「寄らば大樹の陰」や「長いものには巻かれよ」の諺や、ここに引用した対日交渉担当官の発言に表れているように、日本の保守的な指導者は、戦後日本が生き延びていくには、世界の覇権国である米国と手を結び、米国に政治・軍事・経済・文化のすべての面で依存しつつ、運命を委ねて進んでいくことが、「現実的」かつ「唯一の選択肢」であると信じているように思われる。なぜならば、それ以外の選択肢では日本の国の安全と国民の経済的生存が担保できないと考えているからであろう。たとえば、経済面で、米資本や米国の最新技術を日本に導入するためには対米協力が不可欠であるだけでなく、日本企業の広大な米市場への参入と日米貿易の拡大、それに、米国のドル援助を背景とした日本の東南アジア市場の開発は、米国との経済協力を通してはじめて可能となる、と捉えているからである。さらに彼らは、日米協調が、世界の国々から尊敬される地位を再び獲得しうる最善の近道である、とも考えていた。

愛国心が強い人たちの中には、このような対米一辺倒や日本の「対米追従」のあり方にある種の引け目を感じる者や、忸怩たる思いを抱く者もいなくはない。しかし、大多数の保守主義者は、対米一辺倒や対米追従の方針が正しいことは歴史的にも経験的にも「証明済み」であると考えている。とはいえ少数の例外を除いて、保守の支配層は、米国に対する憧憬の念と畏怖の念が強く、彼らの心の奥底では「米国に好かれたい、高く評価されたい、そして米国にまる抱えされたい」という深層心理が強く働いていた。そのために、米国側から出された要請や要求に対する日本側の反応は、主観的な希望的観測や日本本位の一方的な願望に基づく主張や議論である場合が少なくないのである。

ところで、保守支配層には大きく分けて次の二つの対米姿勢が見受けられる。一つは、「打算的現実主義者」の対米姿勢である。それは、日米の非対称的な国力の違いから、卑屈にもはじめから米国と四つに組んで真正面から徹底的に議論をする気のない、あるいは、最悪のシナリオとして交渉の決裂を覚悟してまでも自国の立場を主張する確固とした信念や主体性に欠けた「打算的現実主義」のそれである。

もう一つは、「米資日脳(American Money, Japanese Brain)」型日米協調論者の対米姿勢である。それは、ちょうど「負けて勝つ」の諺やお家芸の柔道技のように、力において日本を圧倒する米国を日本に有利な方向に誘導し、米国の力を活用して日本の国益の増進をはかる日米協力論者のパターンである。その先例は、一九二〇年代の対中国政策において、幣原喜重郎、出淵勝次などの外務省高級官僚や実業家渋沢栄一などが唱えた「米資日脳」論に窺うことができる[14]。これら二つの対米交渉姿勢の共通点は、米国の力を利用して競争力を強め、身に付けたその競争力を武器に、米国と競争し対峙するという点にある。それは、いわば対米従属・「面従腹背」型の日米協調戦術と言えよう。

米国との交渉の際は、敗者という弱い立場にあった日本の外交エリートたちは、相手側の出方や顔色を窺い、日本は米国に「見捨てられる」のではないかと必要以上に気をもむことが多かった。そして、米国側の一挙一動におどおどしながら、米政府を必要以上に刺激しないよう忖度せざるを得ないこともあった[15]。そのために、時には「悔しい思い」を抱きながらも、日本の外交エリートたちは、時間をかけて理を尽くし、米国側に日本の立場を説明するというよりも、米国側が思わず飛つきたくなるような案を予め用意しておき、タイミングを見計らいながらそれを提示することも少なくなかった。

日本の保守集団は、外交交渉を自分たちの聖域と心底思い込んでいる。中でも外務官僚や外交エリートたちは、国民というのは感情的あるいは感傷的な人間で、対外問題など国益を左右する高度な判断を下す能力などは持ち合わせていないと見なしていた。それは、自分たちの聖域と考えている外交問題などに国民が口出ししたり、自分たちの特権を侵害したりすることを許しがたいものと考えているからであろう。外交エリートたちは、記者のスクープなどによって暴露された場合を除いて、外交交渉の内容を極秘扱いにし、隠蔽するのを常としているように思われる。というのは、そうすることが、外交交渉の相手国との信頼関係を維持する上で必要であるばかりか、国益をも守ることになると考えているからである。

第三の行為主体としての日本国民――その横顔

第三の行為主体は、知識人や文化人ならびに“Attentive Public（注意深い公民）”と呼ばれる人たちからなる市民層である。

「注意深い公民」は、農民、主婦、会社員、労働者、学生、商店主など様々な人たちからなる一般市民である。彼らは、過去の苦い戦争体験から真の「平和」を心底望んでおり、国内では民主主義を、国外では平和主義を目標に掲げている。戦争体験および戦争の記憶、ならびに日常生活に根差した大半の国民は、米国に対して憧憬と憎悪の二つの矛盾した感情が入り混じり複雑な感情（英語ではアンビバレントな感情と呼んでいる）を抱いている。

言い換えれば、国民は、「米国との経済関係や文化関係、それに国民と国民との友好関係は歓迎しているが、軍事関係に対しては疑問視、あるいは反対している」といえるのではないか。たとえば、米国による在日米軍基地負担の増額要求の問題において、国民は、政府の秘密主義の中で、それまで「何一つ聞かされていなかった」、あるいは「それについて十分な説明がなされなかった」ために、米政府の要求を、米政府によく見られる「一方的で身勝手な無理難題」として仕方なく受け止めざるを得ない。すなわち腹立たしさと悔しさと諦めが入り混じった複雑な気持ちで、その既成事実を受け入れざるを得ないのである。そのために国民は、被害者意識や反米感情、それに、日本政府の「弱腰」な対米姿勢への腹立たしさとやりきれない思いに落胆しつつも、米国の要求を受け入れざるを得ない場合が多い。

第三の行為主体をなす層に知識人や文化人らがいる。一般に、知識人（通称、インテリ）は、アカデミック・インテリから政策インテリ、それに実務インテリから革新的思想インテリ、さらにはテレビ番組に出演するタレント・インテリまで、多様な人たちからなる社会集団である。(16)

知識人の中には、自分の理想を実現するために情熱を燃やす人や、社会に少しでも役立ちたいと願う高潔な人もいるかと思えば、自分の仕事をのばしたい、立身出世の道を歩みたい、権力の座につきたいといった自己中心的な願望や欲望を抱いている人もおり様々である。

ここでは、知識人を自らの社会的役割を遂行するために洗練された専門的知識を武器にして生活する人のことを指すことにしたい。すべてを網羅できないが、その具体的な例として、大学やシンクタンクのような高等教育機関や研究機関に属している大学教授や研究者、それにメディア界や出版業界で活躍する文筆家やジャーナリスト、ニュース・キャスター、そしてマスコミ関係の法律顧問や芸術家などの人たちが挙げられよう。

知識人集団の第一グループは、「社会への埋没から自らを救い出そう」との利己心から、「政策の変革を求めて政府や諮問機関」に入り、体制に協力し、「支配的な規範に協調する形で、公的生活に秩序と継続性を与えることを目的とする」集団である。程度の差こそあれ彼らは、普通の国民と同じく、国や現実の生活に役立ちたいという思い、それに、自分の仕事をのばし、出世することに重きを置くプラクティカルな(実際的な)学識経験者たちである。

もちろん、第一のグループには、戦前の諸価値に固執する超保守主義者や、中道リベラルの知識人ないし専門家もいなくもないが、大半は、穏健な保守主義者からなる学識経験者である。彼らは、時の世俗「権力」や「権威」に有機的に結び付き、教育機関やマス・メディアを通して、大資本や支配的な政治集団の論理を国民の間に普及・浸透させることが自分の社会的任務と役割であると捉えている。そうすることで、彼らは体制順応型の世論形成に貢献するのである。

第一グループの学識経験者たちは、現状肯定的な価値や規範の他に、急激な社会変化に反対する価値体系や保守的イデオロギーを国民の間に広めることも、自分たちの役割と考えている。彼らが共有する究極的な目的は、ヘゲモニーを握る社会集団の定めた社会生活の方針、すなわち現状維持に国民多数が「自発的に」同意するよう仕向けることにある。そうすることで、彼らは、意識するしないにかかわらず、時のヘゲモニー集団の利益に奉仕し、その見返りとして様々な形の「おこぼれ」を享受しているのである。そのような理由から、彼らの論敵からは御用文化言論人とか御用学者と呼ばれることもある。そういうわけで、第一グループの知識人の多くが、職種別の位階制（ヒエラルヒー）や学閥ネットワークによって、政府や財団などから資金援助を受けやすい立場にあるため、潤沢な研究費などの特典に恵まれている。

知識人集団の第二グループは、リベラルな知識人、あるいは権力から締め出しを食らった、「現在の支配的な規範に対抗する」、いわゆる反権力的・反体制的知識人の集団、いつかは自ら権力の座に座ることを夢見る野心的な知識人でもある。彼らは、象牙の塔である大学を離れ、保守的エリートの権力の独占と彼らの計画に挑戦し、短期的及び長期的な日本の国益を考える上での代替案を提示することに自分のキャリアを賭けようとするのである。

彼らは、第一グループが唱える現状維持の価値体系のイデオロギー性を暴き、厳しく批判すると同時に、新しい理論や新しい価値をも創造することを目指している。そうすることで、たとえ周りから白眼視され、社会の周辺部に追いやられ、「共同体（コミュニティ）」から追放されるリスクを負っても自らの信念を貫こうとするのである。論敵からは否定的に「反対勢力」とか「抵抗勢力」と呼ばれるが、しかし、グラムシ流に言えば、彼らは「有機的知識人」あるいは「進歩的知識人」たちであった[17]。というのは、彼らは「弱者」、「忘れられた人々や黙殺されてきた人々」、それに、社会的・性的少数派の側に立って考え、行動し、「改革案」を現状に代わる選択肢として国民に提示するからである。

とはいえ、知識人からなる二グループの間に行き来が全くないわけではない。戦前の日本に見られたように、現在も「転向」や「変節」などによって二つのグループの間で知識人の行き来が行われているようであるが、しかし、その数は必ずしも多くはないという。自分の準拠集団が第一グループであろうと、あるいは第二グループであろうと、また、自分の属する集団が主流から外れようと、知識人にとって大切なことは、自分を見失わずに、自己の信条に誠実で、自律的であること、そして知的自由を守り、実践し続けることであろう。「言うは易く行うは難し」の諺があるように、それには大変な勇気と意志と「自由」の実践とが求められよう。また、知識人が「周辺部に追いやられる」といった高価な代償を時には払わざるを得ないこともあるだろう。しかし、たとえ周辺部に追いやられたとしても、そのことは、必ずしもすべてを失ってしまうことを意味するわけではない。なぜならば、当該の知識人は、周辺から物事を分析し考えるアウトサイダーとしての視点を新たに身に付けることで、「以前よりも現実がはっきりと見えてくる」という思いがけない喜びの可能性も皆無とは言えないからである。

日米安保体制のもう一つの顔

現在、私たちが暮らしている日米安保条約の体制（以下、日米安保体制と略称）下の社会的秩序は、政治から経済それに文化の領域にまでまたがる日本社会の全体を覆う巨大な秩序体系である。この秩序体系は、米国の圧倒的な力を背景に、日米の政治、経済、教育・学問のエリート指導者たちが対日占領の経験を基礎にして共同で築いてきたもので、その成立から今日に至るまで幾度かの危機を経験しながらも、七〇年余り維持され存続している。

日米安保体制下の巨大な社会的秩序体系は、まるで戦前日本の「国体」のように、日米安保体制の下に生まれ育った大多数の国民にとって、その下で生きていかなければならない所与の秩序である。また、それは、日常生活に追われがちな多くの人たちにとって、よほど意識していない限り、目につきにくく、見えにくい「ガラスのドーム」のようなものでもある[18]。

同時に、この巨大な社会的秩序体系は、マックス・ウェーバーの言葉を借りれば、国民一人ひとりに一定の規範をいやがうえにも押し付ける、いわば鉄の檻のような秩序でもある。というのは、国民は産声をあげるや、この社会秩序に組み込まれ、政治的・経済的・社会的・文化的にも重い制約の中で生活することを余儀なくされるからである。そして、マス・メディアによる報道、各種学校による教育・文化活動やボランティア活動などを通して、知らず知らずのうちに方向づけられていき、イデオロギー的に思考や行動に一定の枠をはめられていくのである。

たとえば、ある知識人がこの秩序界の規範に適応しない場合、規範に反する言動をした場合、それに、権力に対して直接および間接的に「異議申し立て」をしたり、既存の秩序に根底からの問いを投げかけたりした場合は、当該者は「正統な」思想の領域からの「逸脱者」として周りの人たちから色眼鏡で見られることが多い。それまで定期的に届いていた講演やセミナーへの招待状が、ある日から突然来なくなったり、それまで来ていた書籍や新聞コラムの執筆依頼がなくなったりする。そして、究極的には無視されてしまう羽目に陥ることが多い。それだけにとどまらず、権力者側あるいは古い支配者集団は、「逸脱者」が社会に及ぼす負の影響を最小限に抑えるために、間接的あるいは隠微な手法を使って、「逸脱者」をそれまでの地位から周辺的な地位へと追いやったりもするのである。このようにして「異議申し立て」人は、日米安保体制下の社会的秩序体系の厳しい現実を身にしみて感じることになるのである。

そこで、「異議申し立て」人は、生き延びていくために従来からの自説を和らげるか、あるいは全面的に「転向」を余儀なくされることになる。そうしない限り、彼はそれまで属していた知的集団から事実上追放されてしまい、最終的には知識人として淘汰されてしまうことにもなりかねない。以上は、あくまでも理念型の域を出るものではない。しかしながら、それは、わが国の知識人の世界においてもある程度は当てはまるのではないか、と考えている。

第2章　日本が付き合う米国とはどのような国か

筆者は一九六七年を皮切りに、一九七〇年代から八〇年代と九〇年代、それに二〇〇〇年代までおよそ四〇年間、何度かの長期滞在や短期訪問を通して、自分の耳目に触れ肌で感じ、米国社会の動きを直に観察してきた。本章では、米国滞在の生の経験から体得した米国の国民性や文化を中心に米国について論じてみたい。

移民からなる人工的な国アメリカ

ひとりの人間が意を決し、住み慣れた土地を後にしてアメリカへ渡るということは、自らの意志で故郷を捨て、新しく「アメリカ人になる」ことを意味した。そのことは、圧政と宗教的迫害から逃れ、一六二〇年にメイフラワー号に乗船してアメリカ大陸に渡ったピルグリム・ファーザーズ(巡礼始祖)にぴったりと当てはまる。彼らは、「今さらイギリスに引き返すわけにはいかない」といった悲壮な決意を抱きながら、アメリカ大陸のプリマスに向かった。

そして、ピルグリム・ファーザーズは、途中、暴風雨と荒波、それに病と闘いながら六六日間の航海の後、大西洋を渡り無事に新天地アメリカに到着することができた。しかしながら、彼らの多くはまるで「亡命者」のように疎外感に苛まれていた。当時のプリマスの状況を彼らの指導者であるウィリアム・ブラッドフォード(William Bradford)は、「こうして広い大洋を渡り……今では迎えに来る友もなく、風雨に打たれてきた身体をねぎらい休める宿もなく、行って助けを求めるべき家もなかった」と記した。[1]

イギリスからニューイングランドにたどり着いた清教徒(ピューリタン)、中でも清教徒より急進的な分離派(セパラティスト)と呼ばれるプロテスタントは、荒野の厳しい生活条件にありながらも、自らの力を信じ、自らの新しい運命を切り開こうと、自由を求めてアメリカにやってきた人たちであった。

アメリカに移住した人たちの動機は、かつて彼らが住んでいた場所よりもより安全で、より豊かな生活を求めるという極めて切実で現実的な必要性に基づいていた。「「パンのあるところに祖国あり」というのがすべての移民のモットーです」(『アメリカ農民の手紙』一七八二年)と述べたのは、フランス人でニューヨーク植民地に移住した随筆家のヘクトール・セント・ジョン・クレヴクール(St. John de Crèvecœur)であった。[2]

初期の植民地人は、ニューイングランドに移住したピューリタン(後に非国教徒＝ノン・コンフォーミストとセパラティストに分かれる)や改革派(カルヴァン派)の他に、中部植民地のクウェーカー(フレンズ)やドイツ系の改革派(ダッチ・リフォーマー)、そして主に南部植民地に居を構えた英国国教会派

（アングリカン、後の聖公会でエピスコパルと呼ばれる）など様々な宗派に属する人たちから成っていた。彼らは、宗派によって程度の差こそあれ、自分たちは神によって選ばれた選民であると自負しており、「救済を通して聖徒になること」を夢見ながら、キリスト教徒としての強い使命感に燃えていた人たちであった。

彼らは、新天地に足を踏み入れたその時から、自分たちが自由で、権利義務に随伴する「完全な主体（主権者）」であること、すなわち外部からの命令を受けることなく自主的に行動のできる能力を有する人間であると信じて疑わなかった。また、彼らは、自分が他者とは異なる個性的な人間であるだけでなく、自我の確立した自律的な「個人」であることも信じて疑わなかった。

しかし、北米植民地人たちは、新天地で自由になったとはいえ、民族的・文化的に同質的な村落共同体で、自らに課したキリスト教徒としての倫理・道徳的拘束、それに世俗的快楽の誘惑、腐敗と堕落の落とし穴と闘いながら、自らの新しい運命を切り開いていった。彼らは、一方で、精神生活の軸を、「神との契約と全能の神への絶対服従」、それに来たるべき「最後の審判」に置いて、そして他方で、世俗的な日常生活の軸を、勤労と倹約と禁欲主義に置きながら、緊張と重苦しい雰囲気の中で新しい生活を送った。

北米植民地人は、独立宣言において、アメリカの諸州が「自由にして独立」した国家であると宣言した。そして、彼らは、建国の際には新しい国家の政治形態として共和制を採用した。また、合衆国憲法第一条第九節第八項においては、身分、称号、世襲制を否定した。合衆国憲法は、民主主義の大原則である「法の前の平等」を確認したのに加え、ヨーロッパと異なりアメリカでは出自、出身地、毛並みの良さ、称号はあまり意味がないこと、あるいは役に立たないことを明らかにしたのであった。要するに、憲法第一条第九節第八項の核心は、「人間の値打ちはその人が誰であるかによって決まるのではなく、その人に何ができるかで決まるのである」と述べたベンジャミン・フランクリン(Benjamin Franklin)の言葉の中に最も端的に表されていた。

やがて北米植民地人は、大陸内部の広大な未開拓地が、野心と欲望に燃えた自由な人間を手招きしているように思われた。内陸部に広がるフロンティアの存在が、強靭な精神と肉体を持った人間の目には、まるで自分に突き付けられた挑戦状であるかのように、また「真価」を試す絶好の闘技場であるかのように映った。彼らは、人間が自由である限り互いに競争しあい、その結果、勝者と敗者が生まれ、格差が生じるのはごく自然なことである、と捉えていた。

要するに、北米植民地の人たちが望み求めた自由とは、他者との間に差異を作り出す環境であり、そのような社会的条件であったといえよう。他者との間に格差を作り、差別し、排除する心理と論理は、アメリカ合衆国の成立を待つまでもなく、すでに植民地時代の初期からアメリカ社会に内蔵されていたと言っても過言ではなかった。[3]

「共和国として、資本主義国としての」悩ましい問題

ジョージ・ワシントン(George Washington)、トマス・ジェファソン(Thomas Jefferson)、ジェームズ・マディソン(James Madison)、それにジョン・ジェイ(John Jay)などの建国の父たちは、古代ギリシャ＝ローマの古典やエラスムスやトマス・モアなど西欧ルネサンスの人文主義者たちから多く

を学び、極めて実際的で現実主義的な指導者であった。そして、彼らは人間の「本質論」から独立を達成した後の「国のかたち」まで、様々な視点から議論し合った。中でも人間の本性について、冷めた目で人間を観察し、かつ分析したのである。

建国の父たちは、すべての人間が公徳心のある人ばかりではなく、基本的には自己中心的で自己本位であり、また、政治と統治の際には、公益を害する派閥(factions)が発生することは避けられないと見ていた。その前提に立って、彼らは、人間の私欲が社会の秩序を壊さないよう、権力と権力、私欲と私欲を互いに競争、牽制させ、監督し、それによって社会の均衡を保つ制度として三権分立の原則(国権を立法・行政・司法の三部門に分ける)、それに連邦制度(国権を中央と地方に二分する)を採用した。

さらに、ジェファソンは、共和主義と資本主義の間のジレンマともいえる極めて難しい問題に直面したのであった。有徳心と共和主義の関係を歴史から学んだジェファソンは、合衆国が共和国として繁栄し続けていくには、自由で独立心が強く、経済的にも自立した自営農民が新共和国アメリカの中核を担っていくべきだと心底信じていた。

同時に、ジェファソンは、(たとえばスイスのように)領土が狭いことが、共和国が長きにわたり存続する必要条件であることも当時の一般常識として認識していた。ジェファソンは、有徳な市民と共和主義の問題、共和主義と領土のサイズの問題を、いかにして解決するかの課題に取り組んだ。

しかし、ジェファソンの課題はそれだけではなかった。彼は、人口の自然増加と移民の流入による人口過剰の問題、それに同時進行している工業化と都市化の問題(レオ・マルクス著『楽園と機械文

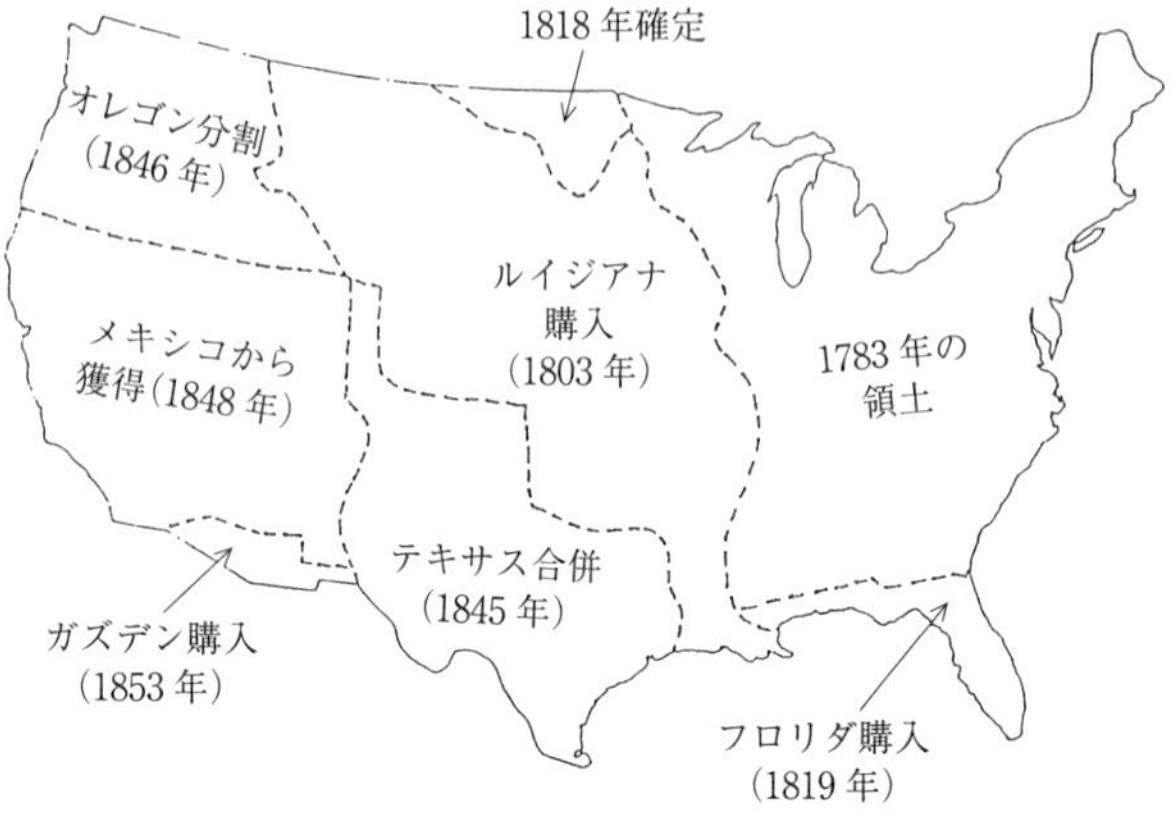

大陸領土の拡大とフロンティアの前進

明(The Machine in the Garden)』を参照)が、新共和国に及ぼすマイナスの影響に頭を痛めていた。ジェームズ・マディソンとともにジェファソンは、熟慮の末、当時の常識を覆し、一八〇三年の「ルイジアナの購入」に代表されるように、領土的膨張主義、すなわち「法の支配による自由の帝国」建設のプロジェクトにその解決策を見出したのであった。[4]

トマス・ジェファソン大統領は、米国がアメリカ民主主義の特異性とその成熟度において他の先進国と質的に異なっていることを挙げて、それをアメリカ例外主義と表現した。また、米国を「世界の最善の希望(The World's Best Hope)[5]」と呼び、合衆国への大きな期待感を表した。

一九世紀に入るとアメリカ独立革命の第二世代の指導者は、政治の領域において啓蒙主義の末裔とも言うべきジョン・ロック流の自由主義を受け入れた。彼らが受け入れた古典的自由主義とは、人間のエネルギー発散の自由を制約する規制はすべて排除すべきであるという考え、それに個人の下した決断と行動の結果はすべて自己の責任であるという考えに基づいていた。[6]

同時にアメリカ独立革命の第二世代の指導者は、経済の領域においてアダム・スミス流の自由市場資本主義の原理も全面的に受け入れた。それは、人間は基本的に欲が深くて、あくなき富を追求する動物という前提の下に、商品の自由交換や私的利益の追求が個人の努力や創意工夫を刺激し多くの財をつくり出すだけでなく、それが社会のニーズを満たすことになり、社会全体の益にも資するという考えに基づいていた。

上述したように、一九世紀を通して米国は西方に向かって領土を拡大し、その過程で運河や鉄道

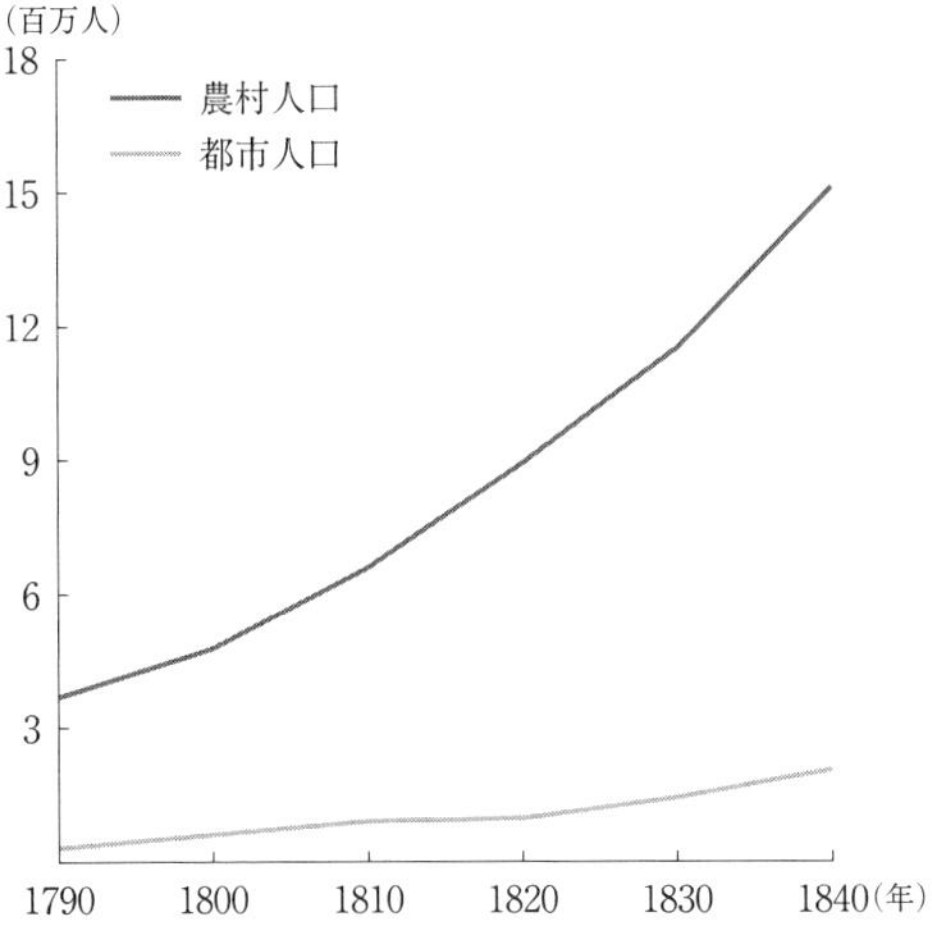

合衆国の人口増加

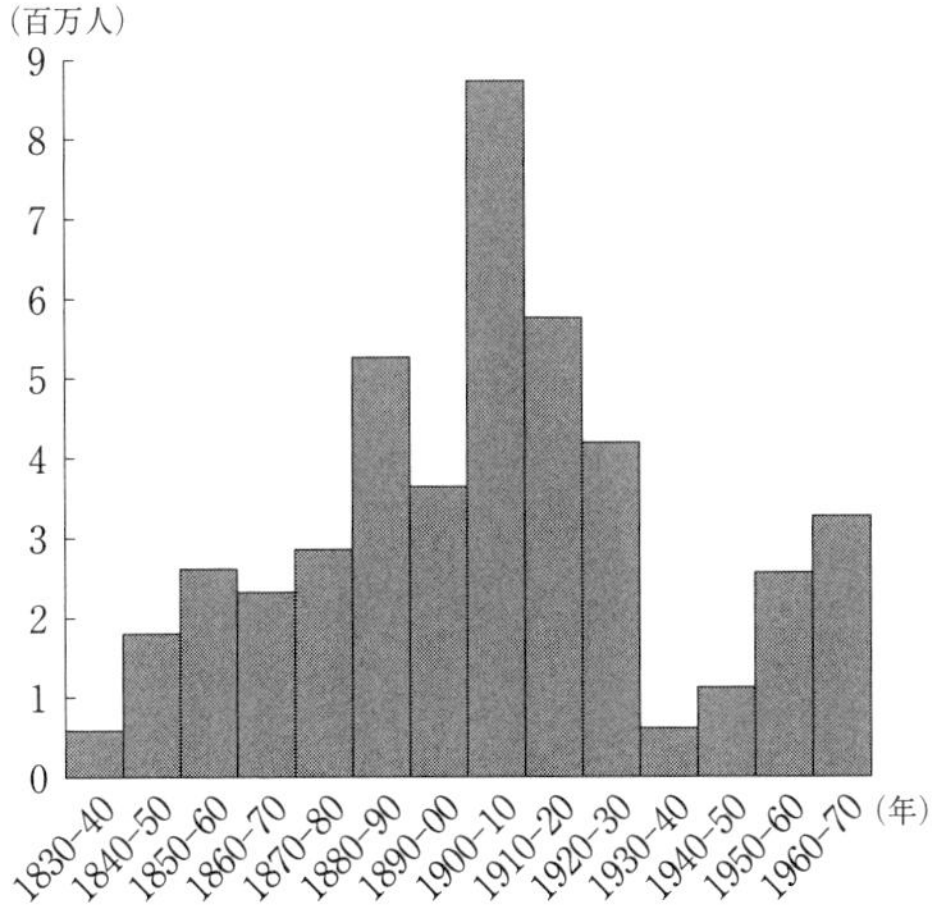

合衆国への移民数

の建設など社会生産基盤（インフラ）を整備し、経済発展の道をひた走りに走っていった。移民から成る人工的な国家アメリカが発展し続けるには、アメリカ国民が自然増加することに加え、海外からの移民をアメリカに引き付け、米国に移住してきた人たちを移民として長くアメリカに留まらせる、つまり、彼らを故国に帰らせないことが極めて重要であった。

言い換えれば、米国が不断に発展するには、人的資源としての新しい移民、労働意欲にあふれる若者たちを世界各地から呼び込む必要があった。つまり、新しい血をアメリカに吸い込み、ポンプ（心臓）のようにその新しい血をアメリカ全土に行き渡らせ、米国が常にダイナミックに動き、自己増殖する必要があった。

その意味するところは、米国が移民ならびにその子孫、それに、アメリカに移住する可能性のある潜在的な移民候補者たち、すなわち全世界の人々に向かって、米国には今よりもまして将来に「さらに良いこと、良いもの」があることを実績で証明する必要があるということであった。そのためには米国は、目に見える形で右肩上がりに拡大・発展し続ける必要があった。

北米大陸への植民活動が始まって以来、米国民は、合衆国が世界の他の国々とは一線を画した、ユニークで異色な国であるという自国像を抱く一方、事ある度にアメリカ例外主義を口にしてきた。米国民は、米国が諸外国といかに違い、いかに特色のある国であるか、その決定的な違いをはっきりと示すことができるとき、つまり、他の国々の追随を許さないほどの国力と指導力を示せるとき、米国民は自信にあふれ、寛大で気前もよく、またそのような米国はまばゆいほど光り輝いていた。それとは逆に、米国経済の失業率が高くなり、国民の生活もかつてのように豊かで快適で安全とは

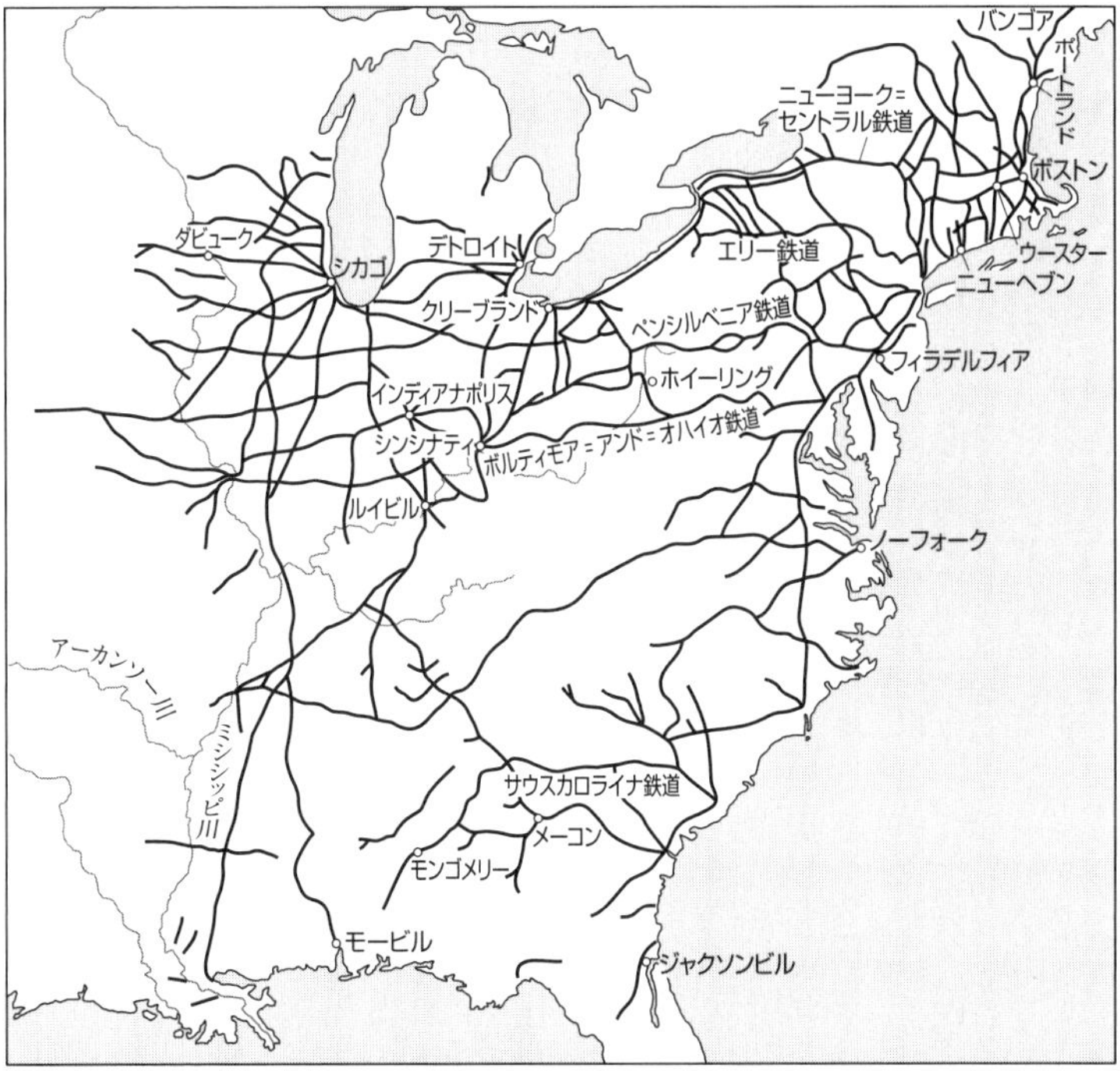

主要鉄道路線

言い難いとき、また、意識においても米国が「普通の国」になり下がってしまうのではないかと自信を喪失したとき、米国は危機的な状態にあるときであった。たとえば、高い失業率と物価高騰によるスタグフレーションの問題、ガソリン給油のために何ブロックも続く市民の長蛇の列が物語るエネルギー危機、ヴェトナム症候群など、幾多の難問に苦しむ米国民を前にし「自信喪失の危機(malaise)」と呼んだジミー・カーター第三九代大統領の発言(一九七九年七月一五日)を想起されたい。言い換えれば、米国人にとって、

「アメリカ」という国は、あらゆる領域において常に強く、正しく、魅力的で、世界一の国であること、あるいはそうあり続ける必要があった。

大半の米国民はそう信じ、また自分にもそう言い聞かせて、日々精力的に活動し、励むのである。彼らは、たとえ「失敗」をしても「失敗」を「失敗」と認めたがらない、挫折しても歯を食いしばり公衆の面前では涙を見せない「頑張り屋」であり、そのような「頑張り屋」であることを周りから期待されてきたのである。米国は、そのような人たちによって形作られ、拡大・発展してきたのである。外国の人たちから見れば、少し度を越えているのではと思うほど、米国を例外的な国と主張したり、物質的豊かさや米国の繁栄ぶりを自慢したりすることが少なくない。しかしそれは、必ずしも米国人が意識的に傲慢であるからというのではなく、米国が移民およびその子孫から成る人工的な国家であるという理由からなのである。すなわち、米国が誕生して以来、米国人が意識する、しないにかかわらず、米国は例外的な国であると主張する必然性と必要性があったからである。作家でジャーナリストのウィリアム・アレン・ホワイト(William Allen White)は、この米国人の性向を、「豊かさを意識した無意識の傲慢さ」と呼んだ。(7)

同時に、多くの人々にとって、「自由」は「営業の自由」、「利潤の追求の自由」を意味し、その論理的帰結として、「私的財産の不可侵性」が合衆国憲法の大原則となっている。そのような「自由」に、つまり自分の能力の及ぶ限り利益を追求することに、米国民は何の後ろめたさも感じない。米国のある金融業者によると、「米国の経済発展の歴史において、利潤の追求は常に極めて重要な動機であり続けてきた」という。(8) つまり、米国民は、「利益の追求こそ善であり、また利益になることをやっている限り、人間は間違わない」という信仰にも似たゆるぎない信念を抱いているのである。[9]米国民は、アメリカ経済が民間人の手に委ねられている限り、効率よくうまく運営されるし、技術革新も見られると信じて疑わない国民なのである。[10]

したがって、アメリカ人が「自由になりたい」と口にするときは、「人生を欲深く生きたい」という強い願望を表したときでもある。実際に、移民たちは、アメリカに渡来して以来、明るい未来を信じながら一心不乱に富を追求してきた。というのは、アメリカにおいて手に入れた「家屋（ハウス）」と「ファミリー」の大きさは、周りの友や故国に住む潜在的移民たちに、アメリカへ渡った自分の決断が正しかったことを示す確かな証であると同時に、自分の人生の成功度を測るバロメーターであったからである。アメリカ人が、およそ一世紀半の短い期間に北米大陸を開拓し征服できたのは、移民たちが自由に対してそのような考えを抱いていたからである。[11]

では、アメリカ人は、自分たち自身をどのように捉えているのであろうか。ジャーナリストで、一九五〇年から五二年まで国務次官補を務めたエドワード・W・バレット（Edward W. Barrett）にアメリカ人の自己像を語ってもらうことにしたい。

「御多分にもれず米国民も、外国の人たちに正しく理解され、尊敬され、好かれたい気持ちを強く抱いています。米国民は、開拓時代から人に好かれたい、人を好きになりたいと思ってきましたし、また、自分たちが人懐っこくて友好的な国民であると思っています」と。バレットは続けて、「ところが、戦後米国が大国として登場してから、海外の、中でもエリート知識人は、米国民を無責任で、非常に実利主義的な経済帝国主義者呼ばわりして批判し続けていることに、私たちは大きな衝撃を受けているのです」と。⑫

さらに、ロックフェラー財団のジョン・D・ロックフェラー三世(John D. Rockefeller III)は、日本人のアメリカ理解の仕方に言及して、「日本人は、スポーツや映画、その他の娯楽など、アメリカ文化の皮相的な部分についてはすぐに取り入れたが、しかし、……特にアメリカ思想、アメリカの諸制度、なかんずくアメリカの道徳や精神面の価値についてもっと深く理解することが最も重要です」と述べた。その上で、ロックフェラーは日本人にしっかりと理解して欲しい「アメリカの価値として、個人の尊厳、高潔さ、誠実さ、国民への奉仕者としての政府の役割、思想および言論の自由、科学調査の自由など」を挙げた。⑬

ロックフェラー三世の発言には、日本においてアメリカ研究の振興を支援して日本国民を教育し、かつ米国の良き理解者かつ協力者に育て上げたいという彼の熱情、それに、自らに課した「民主主義を世界に広める」歴史的使命と米国人特有の「教師としての役割」に対する自信がはっきりと読み取れよう。

プラス面の深層文化

米指導者の間で広く共有された価値で、その現れ方が異なる深層文化がある。⑭ 一つは、米国民を「明るくて前向き」な国民と言わしめるプラス面の深層文化であり、もう一つは、マイナス面のそれである。

米国のプラス面の深層文化に、カルヴィニズムの強い影響を受けた使命感、理想主義、「文明の西漸説」の文明史観、それに楽観主義などが挙げられよう。

まず、米国人の使命感は、世界の人々が模範とすべき理想郷をニューイングランドに建設するという彼らの強固な意志に端的に表われている。自らを選民と自任するジョン・ウィンスロップ(John Winthrop)は、一六三〇年に大西洋を航行中の「アーベラ号」の船上での説教の中で、ニューイングランドにおいて建設予定の慈悲に基づく共同体(理想郷)は世界(ヨーロッパ)の人々の注目の的となっていると指摘し、その理想郷を「丘の上の町(City upon a Hill)」にたとえたのであった。⑮

米国が使命感の強い理念の国であることを示す例として、第二次世界大戦後の対日占領改革が挙げられる。上述したように、それは、米国をモデルに日本を「自由で民主的な」国に改造するという企図であった。それにより米国は、「教師としての役割」と、「民主主義を世界に広める」という自らに課した歴史的使命を果たそうとしたのであった。

それは、将来において日本が米国にずっと協力的であることへの期待と、日本が民主主義国であり続ける限り、日本は米国と干戈を交えることはないという信念に基づいていた。すなわち、米国のイメージ通りに日本を作り変える(改造する)ことができれば、民主主義という同じ価値を共有する日本の行動が予測しやすくなり、それだけに米国は日本をマネージしやすくなるからであった。

戦後、米国が文化外交の一環として日本のアメリカ研究の振興に熱心である理由に、日本人を民主主義者に教育する「教師としての役割」を演じることへの満足感と達成感を抱くと同時に、それに比例して日本を管理しやすくするという戦略的計算も働いていたと言えよう。ところで後者の信念は、一九七〇年代に論壇で盛んに論じられるようになった「民主的平和(democratic peace)論」に繋がるものである。[16]

その他に、「文明の西漸」説がある。それは、ユダヤ＝キリスト教を母体とする文明は西に向かって地球を一周するという動的な文明史観で、それは、西洋文明が古代ギリシャ＝ローマから西ヨーロッパ諸国、そして英国へと伝播してきたことにも明らかであると主張する。米国人は自らをそのユダヤ＝キリスト教文明の「最後の後継者」と任じてきた。[17]

一八九〇年に米国の国勢調査報告は、フロンティア（一平方マイル当たりの人口が二〜六人の地帯をいう）がアメリカ大陸から消滅したことを告げた。これを受けて、歴史家ブルックス・アダムズ（Brooks Adams）は、著書『文明と衰退の法則』（一八九五年）の中で、「一千年以上に及んで文明の中心は着実に西漸してきた」と述べた。[18]

一九五〇〜五一年の「対日講和条約問題」プロジェクトの研究班長で、コルゲート大学のエヴェレット・ケイス（Everett Case）は、ニューヨークの外交問題評議会において、「米国は極東地域の政治、経済、社会発展に利害関係を有する当事国である」とまで言い切ったが、[19] このケイス発言は、米国が東アジア問題に関わる際に、米国の行動を正当化するために現在も引き合いに出されることが多い。

「文明の西漸」説を下支えしている米国の深層文化に「明白な天命（マニフェスト・デスティニー）」の思想がある。それは、米国の膨張主義思想で、『デモクラティック・レビュー』誌の編集者ジョン・L・オサリヴァン（John L. O'Sullivan）の「併合論」（一八四五年）の中に見られる用語である。上述した一八〇三年のルイジアナの購入、ルイス＝クラーク探検隊によるミシシッピ川から太平洋岸に至る大探検、一八四〇〜五〇年代のオレゴンの領有や、メキシコ戦争後のカリフォルニアを含む広大なメキシコ領の獲得などを正当化する際に、「マニフェスト・デスティニー」の思想が用いられた。

「マニフェスト・デスティニー」のスローガンは、一九世紀末に米国が帝国主義的海外膨張を正当化する際にも登場した。そして、米国人はユダヤ＝キリスト教文明をアジアへ伝播することを真剣に考えるようになった。

マイナス面の深層文化

それに対して、米国のマイナス面の深層文化に人種主義がある。それは、キリスト教世界観に基づいて一八世紀にスウェーデン人カール・フォン・リンネが作成した「自然の梯子」の序列――それに基づく白人種の有色人種に対する人種差別主義と、「ノブレス・オブリージ（高い身分に伴う義務）」の言葉で表現される大国としての責任感である。

白人が、有色人種に抱く感情に、異人種・異文化への好奇心や興味の他に、人種主義に根差した優越意識、違和感、不信感、蔑視、それに差別感情がある。白人の有色人種に抱く恐怖心や支配欲は、これらの意識の底に流れている。

人種主義に根差した差別意識の他に、自由、人権、民主主義などの普遍主義的価値やそれを尺度にして当該国の文明国としての成熟度を判断する、西洋中心主義的な差別意識や偏見がある。たとえば、一八四〇〜四二年のアヘン戦争後、ヨーロッパ列強から清帝国が受けた差別待遇、それとペリー提督率いる黒船の来航の際に、徳川幕府それに続く明治政府が受けた差別待遇が好例である。欧米諸国は、当時の清帝国や日本を「主権国」と認めようとはしなかった。その理由に、アジアの両国は外部からの指導や指示を受けることなく、自立的に権利義務を果たすことのできる「完全な主体」にまで成熟していないとの口実を弄したのであった。そして、欧米諸国は、力でもって主権国に不可欠な「関税自主権」を奪っただけでなく治外法権までも認めさせ、不平等条約を締結させた。

そのような欧米諸国の発展途上国に対する差別観は、意識するしないにかかわらず、その後も今に至るまで引き継がれてきたように思われる。たとえば、対日占領期の民主改革の評価について、外交問題評議会日本班のメンバーの偏見に基づいた発言、それに六〇年安保改定反対運動に対するダグラス・マッカーサー二世(Douglas MacArthur II, 連合国最高司令官ダグラス・マッカーサーの甥)米大使の人種偏見とも受け取れる感情的な発言がそれである。

前者については、ユージン・ドゥーマン(Eugene H. Dooman)は、文化的ならびに神学的な観点から日本の民主主義は底が浅いその理由を説明し、日本国民は非キリスト教徒であるうえに、民主主義の概念は外来思想であり、日本人にとって全く理解できないものであると主張した。他の保守的な日本専門家も、民主主義の概念は日本にとって文化的にも歴史的にもあまりにも異質なものであると論じ、日本の民主化の可能性を否定しただけでなく、日本の民主化の考えを一笑に付した。

後者については、マッカーサー米大使は、「六〇年安保」騒動の原因が未熟な日本の議会制民主主義にあると結論付けた上で、「我われは、最近の安保騒動に慌てふためくことはない。日本の民主主義は始まったばかりで、日本に移植された西洋型民主主義の制度は、封建時代から八〇年しか経ていない日本人にとっては慣れない新しいものであることを忘れてはならない」と付け加えた。

さらには、一九五一年に日米安保条約を締結した後、日本は米国と日米行政協定(後の日米地位協定)を結んだ。その日米地位協定では、米兵が罪を犯した際の日本の裁判権が現在に至っても認められていない。その説明として、日本国民の反米感情のために、米兵が罪を犯した際、日本では「公平な裁判が期待できない」ことや、日本国民の民主主義に対する成熟度が十分でないといった日本に対する偏見や差別観が、同協定の行間から読み取れるのである。

また、一九七二年二月の訪中の際に、ニクソン大統領は日本政府に前もって通知することなく中国を訪問したことは有名な話である。その背景には、米政府高官(中でも国家安全保障問題担当大統領補佐官ヘンリー・キッシンジャー(Henry Kissinger)が有名)が、日本政府の軍事機密保持の能力に対して、主権国として、同盟国として強い疑念と不信感を抱いていたということは周知の事実である。

ニクソンの訪中と関連して、日本政府の軍事機密の漏洩事件が噂された際に、日本政府は「秘密を守れない」「機密保持ができない」といった厳しい噂が米政府内で流れたという。これらの事件は、死守すべき軍事機密を漏洩し、主権国としての日本の責任能力を疑わせることになり、日本が信用し難い国であることを印象付けることになった。

参考までに付け加えると、人種主義と普遍的価値に基づいたこれら二種類の差別意識は、各々が別個に一定の機能を果たすというよりも、両者が複雑に混ざり合って一体となって一定の機能を果たすことが多いということである。

次に、具体事例を挙げて、米国人の言動に見られる日本人への不信感や差別感情を検討してまとめとしたい。

白人の米国人が、誇り高く気位の高い日本人や、「不可解」で予測し難い日本人の行動に出くわしたとき、彼らは戸惑いや不信感、さらには恐怖に近い不安を抱くことがある。日本の軍国主義が高まった一九三〇年代や第二次世界大戦期が特にそうであった。それは、当時の米国人の多くが、「日本の国民は天皇の一声の下に一億一心となり、全エネルギーを結集し、最後の一兵まで戦うファナティックで恐るべき民族」という固定観念を抱いていたからであった。

加えて、一九四一年の日本軍による真珠湾攻撃が、日本人への不信感や偏見をさらに増幅させることになった。現在もなお米国人の中に、日本軍による真珠湾攻撃を「だまし討ち（"sneak attack"）」または、「奇襲（"surprise attack"）」と認識している人は少なくない[20]。

また、日本人への偏見をあからさまにした例に、ニクソン米大統領の人種差別的とも解しうる発言がある。

日米経済摩擦の真只中の一九七一年一二月、ニクソン大統領は、バミューダでのエドワード・ヒース（Edward Heath）英首相との会談において、「日独ともに国民はフラストレーションと敗戦の記憶に苛まれている。……現在の日本は、自国の安全を守るのに核の保有を禁じられている。もし我われ（米国―筆者）の提供する「核の傘」への信頼度が（今よりも―筆者）低くなれば、それは、日本に測りしれないほどの大きな影響を及ぼすことになるだろう。米国がヴェトナムへの関与を続ける最大の理由は日本なのだ」と説明した。続いて大統領はアジア諸国において経済領域など様々な分野で活躍する日本人に触れ、「日本人は、アジアのいたるところでシラミのように群れをなしている（The Japanese are all over Asia like a bunch of lice.）」との問題発言をした[21]。

もっとも一七世紀から一八世紀にかけて早くから北米大陸に移住した人たちは、自分たちよりおよそ一〇〇年遅れ、一九世紀末から二〇世紀初頭に東欧や南欧から米国に渡来した移民のことを「ウイルス」と呼んでいたし、第二次大戦後には共産主義のことを「病原菌」と呼んだことを思えば、ニクソン大統領の差別発言は、特に驚くべきことでないかもしれない。

白人の差別感情と恐怖心は、ある時は優越感の形で現れることがあり、また、ある時は不安感や危機感、それに不信感や恐怖心となって現れることがある。戦後、対日占領期に見受けられた米国人の日本人に対する優越感は、親が子供に言い諭す際に上からの目線で子供に接する「パターナリズム（paternalism）」となって現れることが多かった。また、優越感は、相手を見下したような態度や恩着せがましい言葉遣いや態度となって表面化することが多い。その例として、米国人が「日本人にうまいのはサルまねだけで、……西洋人に勝てるはずがない」と口にする侮蔑の感情は、彼らの無自覚的な優越感を表したものであると言われている[22]。一九六〇年代から七〇年代にかけて、先進国に追い付き今にも追い越さんばかりの猛スピードで日本が高度経済成長の階段を上り詰めるのを目の当たりにした米国民は、戦後日本の復興を手助けしてきたにもかかわらず、日本の発展を必ずしも素直に喜べないばかりか、むしろ彼らの心情は穏やかでなかった。というのは、多くの米国民は、日本に偏見と固定観念（「日本異質論」）を抱いていたために、高度経済発展を日本にもたらせた諸要因を冷静にかつ正しく理解することが難しかっただけでなく、その動かしがたい現実を素直にうけいれることが容易でなかった。そのために一九七〇年代に日米の間で経済摩擦や「ジャパン・バッシング」を惹起したことは記憶に新しい。ジェームズ・ファローズの論文「日本封じ込め」(一九八九年)はその代表的なものと言えよう。

多くの場合、他者のイメージは、断片的な情報や印象や歪んだ偏見に基づくもので、必ずしも真実を伝えているわけではない。また、すべての米国人が、日本人に不信感や憎悪、それに侮蔑感を抱いていたわけでもない。というのは、「わび」「さび」に代表される日本文化の繊細さや、日本人の他人への思いやりや気遣い、おもてなしの精神に触れる機会のあった米国人の中には、日本文化への憧憬の念や知的関心を抱いていた者も少なくないからである。それとは逆に、米国人が日本人に不信感や不安感を抱くときは、一九三〇年代のような経済苦境がその背景にある場合や、また、日本国民や日本文化に直接触れる機会がほとんどない場合が多い。

加えて、ピューリタン的世界観がある。それは、カルヴィニズムの強い影響を受けたある種のパラノイア(妄想症)と言ってもよいかもしれない。その妄想が見受けられるのは、「敵対する他者を求める」米国民の深層心理においてであり、それをヘレン・ミアーズ女史は、「正体不明な脅威を妄想し、それを悪魔化して退治したい」性向と表現した。㉓

ジョン・クインシー・アダムズ

ジョン・クインシー・アダムズ(John Quincy Adams)米国務長官(後に第六代米大統領)は、一八二一年七月四日の米国独立記念式典において後世に名を残す有名な演説を行った。その演説は、米国人の深層心理を理解する上で貴重なものと思われるので、やや長文ではあるが、その一部をここに紹介したい。

「米国は撃つべき怪物を求めて海外に出ることはない。……米国がひとたび米国以外の旗のもとに立つならば、……権益と策謀、私的な貪欲、嫉み、野望の戦いに引き込まれざるをえないだろう。……そして、米国は世界の独裁者となり、もはや自らの精神の統御者たりえないであろう」と。(24)

このアダムズの演説は、初代米大統領ジョージ・ワシントンの孤立主義の伝統の流れを汲むものと解せないことはない。しかし、筆者は、アダムズは当時米国民にプラスの価値として広く受け入れられていた考え方（膨張主義—筆者）を、国務長官自らが再検討するよう米国民に促したという点で、米国史に残る優れた演説である、と考えている。

ところで、米国民がしばしば口にする「力による平和」とか、「力の均衡による平和」なる言葉の根底には、米国民の「力への信仰」、あるいは「力の神話」があるように思われる。米国民は、「異民族が理解できる唯一つの言葉は力だ」とか、「力を背景にしない限り、異民族との話し合いは徒労に終わるのが落ちだ」、「切り札は力だ」と、口にすることがある。その背景に、北米大陸を征服した自分たちの歴史的体験によってその正しさは証明されているという、半ば確信に近いものがあるからであろう。

第3章
変わりそうで変わらない米国の深層文化

独立達成後、ヨーロッパから北米大陸に移住した白人は、一八世紀後半から一九世紀にかけて西方に広がる自由地を求め、領土拡張を推し進めたことはすでに述べた。西漸運動（Westward Movement, 西に向かっての開拓と定住が進行したこと）の過程で、アメリカ先住民に対する強制退去や虐殺行為がしばしば行われた。一方、南部では、黒人に対する人種差別や虐待それに暴力事件が奴隷制度の下において頻発した。これらの蛮行の背景には、白人の有色人種への恐怖ならびに人種差別感情があった。

時代は下って一九五〇年代。日米両政府は、一九五〇年の初めに対日平和条約の内容を巡って激しく議論を戦わしていた。米国内では「マッカーシー旋風」（赤狩り）が吹き荒れ、黒人差別も頻繁に行われていた時期であった。南部諸州では、人種隔離と黒人に対する人種差別がまるで日常茶飯事のように行われていた。

ところで人種隔離政策は、白人住民が安心して暮らせるよう人種間に越え難い壁をつくり、黒人への恐怖感を和らげることに主眼点があった。合衆国憲法は「法の前の平等」の原則を高らかに謳ったにもかかわらず、「必要は法をも曲げる」の強弁と人種隔離政策によって、南北戦争後も南部白人の人種差別意識と恐怖心が心の奥深くまで温存されることになった。そのために、白人の黒人への暴力行使に対する罪悪感や抵抗意識が弱められるというよりも、むしろ人種差別意識が暴力を正当化する手助けにもなった。そのことが、米国において人種・民族を問わず数多くの良民を現在まで悩まし続けることになった。

次に、米国の対日外交姿勢に見られる米国の深層文化についてさらに深く掘り下げたい。

米国は、対日占領期はもちろんのこと、日本が独立を回復した後も、引き続き日本を「勝者」の目から眺めており、かつて戦場だった沖縄はもちろんのこと、日本を、あたかも自分の家の「裏庭」のように米国の一部とみなしていた。そして、米政府は、日米二国関係において「日本問題」を、米国の思い通りに処理できると信じて疑わなかった[1]。

軍部も、激戦の末軍事占領した「沖縄」を、太平洋戦争の戦利品として捉えていたので、日本に「沖縄」を手放すことなど一瞬たりとも考えていなかった。そういうわけで米国防総省の内部では、「沖縄は米軍が大変な犠牲を出して獲得した島である。せっかく多大の犠牲を払って確保した東洋一の工業国だ。なんでみすみす手放せようか[2]」といった発言がしばしば聞かれた。

しかし、米国が第二次世界大戦の主要な戦勝国であったとはいえ、「沖縄」占領統治、ましてや沖縄の領有問題となると、ことは想像するほど単純ではなく、ハードルは極めて高かった。筆者は、「沖縄問題」を複雑でかつ難しくしている要因の一つに、米国がそれまでたどってきた膨張主義の歴史とその影響があったと考えている。

その影響の一つは、建国にまつわる米国の国民国家としてのアイデンティティの問題であった。英帝国の植民地であった米国は、戦争(武力)によって独立を勝ち取った。当時、ヨーロッパ諸国の大半が君主国であったのに対して、米国は君主を持たない新しい共和国(The New Republic)としてスタートした。米国は、共和主義と「反帝国主義」を自己像として捉える一方、その自己像をヨーロッパ諸国と一線を画する米国のアイデンティティとして大切にしてきた。

一九世紀に入ると、米人口の自然増加に加え、ヨーロッパ各地から大量の移民が米国に流入するようになった。それに伴い東北部から西部への国内移住、すなわち西漸運動が高まった。第2章で述べたように、西方に広がる広大な土地への欲求が国民の間に強まる中で、米国は、「マニフェスト・デスティニー」の掛け声の下に、隣国のメキシコと干戈を交え、その結果、一三六万平方キロメートルの広大な領土(現在のテキサス州・コロラド州・アリゾナ州・ニューメキシコ州・ワイオミング州の一部及びカリフォルニア州・ネバダ州・ユタ州の全域)を手に入れた。

歴史研究者の間では、一九世紀は帝国主義の時代であったと言われている。米国民が自国のアイデンティティとして「反帝国主義国」の自己像を抱いていたにせよ、米国のメキシコに対してとった行動が、ヨーロッパ帝国主義国のそれと何ら変わるものではないことは誰の目にも明らかであった。確かに、米国は力を行使して欲望を満たすことはできたが、しかし、それによって大きなジレンマに陥ることになった。それは、いかにして米国は反帝国主義国家としての自己像に傷をつけることなく、国民のさらなる領土欲求を満たすかという問題であった。

したがって、米国は何としてでもその解決策を見つけ出さねばならなかった。そして、米国がたどり着いた苦肉の策は、敗戦国メキシコに一五〇〇万ドルを支払うとともに、メキシコの対米債務三二五万ドルをも帳消しにするということであった。そして、それへの「同意」をメキシコから得た証拠として、契約の形でグアダルーペ・イダルゴ条約を結んだ。米国は、通常、賠償金を受け取る側の戦勝国でありながら、メキシコに「贖罪金」を払い、反帝国主義国としての米国の自己像とアイデンティティを守ろうとしたのである。加えて、キリスト教国としてメキシコ国民に対する「罪悪感」や「良心の呵責」を多少とも和らげようとした。

さらに米国は、一八九八年の米西戦争の際にも、米墨戦争の時と同じような行動を敗戦国スペインにとっている。米西戦争後、米国は、スペインの植民地であったフィリピン諸島を領有する際に、パリ講和条約（一八九八年）およびワシントン条約（一九〇〇年）を結び、スペインに一〇〇〇万ドルを弁済することに同意した。そうすることによって、米国は、本来ならば「帝国主義国」との批判と非難を受けることになる「海外領土の領有」への贖罪に努めた。同時に、米国の海外膨張主義の動機が、ヨーロッパ帝国主義国のように搾取と利己主義にあるのではなく、「現地人を教化し」、「文明を伝播する」という純粋な目的と利他主義にあると主張して、米国とヨーロッパ帝国主義国との違いを強調した。

領土問題としての「沖縄」

時代は、米西戦争の終結からおよそ半世紀余りが過ぎた第二次世界大戦後のことである。米政府、とりわけ軍部は、「沖縄」の半永久的・排他的占領支配(統治)権の獲得と保持にこだわり続けた。上述したように、それまで米政府は、「反植民地主義」を自国のアイデンティティとしてヨーロッパとの違いを強調してきた。第二次世界大戦中の一九四一年八月一四日に、英米首脳は八原則に及ぶ大西洋憲章を共同宣言として公表し、そこには領土不拡大・領土不変更の原則が謳われていた。それなのに米政府は、なぜ「沖縄」の半永久的・排他的占領支配(統治)権の獲得にこだわり続けたのか。結論を先取りすれば、それは、軍部が沖縄の島全体を自由に使え、どのような軍事作戦でも展開できる世界戦略上きわめて重要な「一つの米軍基地」と捉えていたからである[3]。

次に、米国史の文脈と米国民の視点から「沖縄問題」を検討したい。

米国民によれば、第二次世界大戦は「ファシズムから民主主義を守る」大義名分の下で戦った「よい戦争(*The Good War*)[4]」であり、また、米国が連合国側を勝利に導いた最大の貢献国でもあったと自負していた。さらに、米国は、世界最強の軍事力を背景にして、「自由で開かれた資本主義的」世界秩序を維持するという世界戦略を立てていた。米国は、そのためにも世界各地に展開する米軍事基地を手に入れることが必要不可欠であった。

「沖縄」は、アジア大陸から一〇〇〇マイル以内の位置にあり、中でもロシアや中国本土、台湾、それに朝鮮半島に近接した位置にある。したがって、米軍部からみれば、沖縄は、前方展開基地として極めて価値のある島であった。しかし、米国にとって沖縄の魅力と価値は、領土(基地)としての「地理的な近接」だけではなかった。というのは、もしそれが、ただ一つの理由であるならば、米国が米西戦争でスペインから手に入れたフィリピン諸島でも基地としての目的は果たせなくもないからである。

それでは、米国に「沖縄諸島でないとダメ、フィリピン諸島では不十分」と言わしめた理由は何であったのか。それは、沖縄諸島がアジアの共産勢力を封じ込める上で地政学的に極めて重要な位置にあるだけでなく、「東洋一の工業国(日本)」の一部であり、沖縄、それに日本は、世界の四大産業集合地域の一つで、そこでは兵器を低いコストで補修し、軍事関連の生産施設としても利用することができたという点にあった。というのは、沖縄は、ロジスティックス(兵站)や、高度な技術力、高い組織力や労働の質などの様々な点で、前方展開基地として総合的な役割を十分に果たすだけの要素を備えていたからである。それに加え、フィリピンや日本本土とは異なり、沖縄には軍事物資や米海軍の原子力船の入港を規制する法律もなかったからである[5]。

その意味で、沖縄は、フィリピン以上の重要な役割を果たすことが期待された。また、当時のフィリピンの経済的発展段階からして、フィリピンにそれを期待するのはかなりの無理があるとも思われた。「地理的な近接」に加え、そのような理由から、米軍部が、沖縄を喉から手が出るほど欲しい「戦利品」と捉えていたとしても何ら不思議ではなかった。

第二次世界大戦が終わり、再び世界に平和が戻ってきたと胸をなでおろしたのも束の間、一九四七年三月のトルーマン・ドクトリンの発表、六月のマーシャル・プランの提唱などに表われているように、米ソ間の対立が日ごとに激しさを増していった。米ソ対立の激化に加え、軍事占領下にあった日本では、ナショナリズム感情が日ごとに高まりつつあった。それを受けて早期講和を求める声が国民の間に次第に大きくなっていった。

日本の国民感情の変化に敏感だった米政府は、座視すれば反米感情がさらに高まり、占領終結後日本と友好関係を維持することが難しくなること、さらには米国の東アジア戦略にとって不可欠と捉えられていた在日・沖縄米軍基地を手にすることが非常に難しくなることを恐れたのであった。

そこで米政府は、日本の民主化に重きを置いてきたそれまでの対日占領政策を、対ソ封じ込めの見地から国務省政策企画部のジョージ・F・ケナン(George F. Kennan)らを中心に見直すとともに、対日講和問題に前向きにかつ真剣に取り組むことにした。米政府のこのような現状認識とそれへの対応策が、一九四八年一〇月の国家安全保障会議文書第一三号の二「アメリカの対日政策に関する勧告」であった。

ところが、対日講和問題と切っても切れない関係にある「領土」問題(沖縄問題)を処理する際に、米政府は過去に経験した「領土」問題とよく似たジレンマに陥ったのである。それは、一方で、世界戦略上の沖縄の必要性と、他方で、米国の自己像およびアイデンティティとの間の板挟みを意味していた。なぜならば、たとえ米国が世界大戦を勝利に導いた最大の貢献国だったとしても、戦後処理において敗戦国の領土を領有することは、先に述べた第二次世界大戦の性格や、世界各地で高まりつつある独立運動や民族解放運動、なかんずく、米国の「反帝国主義」国としての自己像とアイデンティティの観点からして、自己矛盾に陥るだけでなく、世界の国々から「自己欺瞞」の国という厳しい批判や非難を受けることが懸念されたからである。

では、米政府は米国の欲望を満たしつつ、いかにしてこのジレンマから抜け出すことができたのか。その理由は後に述べるが、その前に、一九五一年九月の対日平和条約および日米安保条約の調

「天皇からのメッセージ」に関連する略年表

1946年10月	国務省，対日戦後処理の一環として講和条約の草案
1947年３月	トルーマン・ドクトリンの発表；冷戦が決定的となった当時，沖縄を国連信託統治下に置く案は，安保理常任理事国の決議が必要なことから望み薄となり，結局は断念せざるを得なくなる
５月６日	天皇とマッカーサーの第４回目の会見，奥村勝蔵
夏	政策企画部による対ソ強硬対決路線への転換，片面講和，日本の武装化体制へ；GHQ および米軍部の本心は沖縄を恒久的基地として米国の支配下に置くことである
９月19日	天皇「日本の将来の安全保障問題」について「内奏」を受ける
	天皇の「琉球諸島に関するメッセージ」；天皇のメッセージを寺崎英成宮内府御用掛が対日占領軍総司令部政治顧問シーボルトに伝える
９月20日	シーボルトからマッカーサーに
９月22日	シーボルトから国務長官マーシャルに
10月15日	ケナン(政策企画部)天皇メッセージ．寺崎，私見検討に値する
1951年９月	対日平和条約と日米安全保障条約の調印
	対日平和条約第３条；国連信託統治制度下に．提案が可決されるまで米国は行政，立法，司法の権力を行使する権利

印に至る経緯を時系列的にたどる必要があると思われる。

一九四七年九月の「天皇からのメッセージ」――一つの問題提起

ヒロヒト天皇は、一九四六年一月に「人間宣言」して以来、国民の幸福や社会の安寧、国体護持、それに日本の共産化の可能性などの難問題に直面していた。とりわけ平和条約締結後の国の安全保障は、頭の痛い問題であった。四七年九月一九日にヒロヒト天皇は、宮内府御用掛寺崎英成を通して、平和条約締結後の安全保障のあり方について「天皇からのメッセージ」の形で自らの考えを、対日占領軍総司令部政治顧問ウィリアム・シーボルト(William Sebald)に伝えた。これが、「天皇からのメッセージ」に関する従来の通説である⑥。

寺崎からシーボルトに手交された「天皇からのメッセージ」の内容は、一つは、天皇は米国による琉球諸島の軍事占領の継続を望むこと。二つは、沖縄の占領は日本の主権を残したまま長期租借によるべきこと。三つは、沖縄占領および長期租借は米国と日本の二国間条約によるべきことの三点に要約できよう。

米政府、特に軍部と政策企画部は、「天皇からのメッセージ」の少し前の四七年の夏に、米国の世界政策をそれまでの米ソ協調路線から対ソ強硬対決路線に転換した。これとの関連で興味深いことは、「天皇からのメッセージ」の内容が、米政府、特に軍部と政策企画部が四七年の夏に設定した政策目標と酷似しているという点である。筆者が注目しているのは、四七年の夏の政策転換の事実と「天皇からのメッセージ」との関連性である。

シーボルトは、早速、寺崎から手渡された「天皇からのメッセージ」を覚書にして、翌日の二〇日に対日占領軍総司令官ダグラス・マッカーサー（Douglas MacArthur）に、そして、その二日後の二二日にジョージ・マーシャル（George Marshall）国務長官にそれぞれ伝えた。

これまで歴史家や評論家は、「天皇からのメッセージ」の発出源を巡って議論を重ねてきた。それには大きく分けて二つの異なる立場、あるいは解釈があるように思われる。

一つは、「天皇からのメッセージ」が、天皇主導の下に出されたという立場であり、もう一つは、宮内府御用掛寺崎英成を含む天皇側近たちの主導の下に発せられたという立場である。進藤榮一氏は、この問題について「今日断定することは困難である。そのためにはなお日本側資料の公開を待たねばならないだろう」と歴史家としての良識ある立場をとっておられることを付記しておきたい。

しかし、その発出源が天皇であれ、天皇側近であれ、両者の共通点は、メッセージの発出源が日本であるという点にある。

ここで取り上げるのは、米政府が沖縄の世界戦略上の必要性と、米国の反植民地主義国としての自己像やアイデンティティとの板挟みの状態から、どのようにして抜け出すことができたかの問題である。結論を先取りすれば、米政府は、「スマート・ヤンキー・トリック」なる策を弄して、その窮地から脱することに成功したということである。その説明を、「スマート・ヤンキー・トリック」の用語説明と論点整理から始めたい。

「スマート・ヤンキー・トリック」

誤解を避けるために、「スマート・ヤンキー・トリック」なる用語は筆者の造語でないことを先に申し述べておきたい。この表現は、“A Yankee Trick in Missouri”に見られるように、南北戦争の時に実際に使用されており、第二六代米大統領セオドア・ローズヴェルト(Theodore Roosevelt)の行動を説明する際にも用いられた(7)。

ところで、ある国が相手国から何かを得たい、手に入れたいと思う時には、まず相手国にその旨を伝え、外交手段や時には力ずくで欲しいものを手に入れていくというのが常道である。しかし、「スマート・ヤンキー・トリック」の場合は、あらゆる手管を使って根回しをし、最終的には相手国から差し出される、場合によっては懇願されるという形で、欲しいものを相手国から手に入れるという方法である。

具体的にそのステップを説明すれば、上述したように、もともと米軍部は「沖縄」を、太平洋戦争の戦利品として捉えており、米国防総省内部には在沖縄および在日「米軍居座り論」が強かった。そこで、まず米政府は、米国の意向を正しく確実に相手国（以後、日本と表現）に伝えるために、日米のあらゆる人的ネットワークを使って、米国の機密情報や意図を日本側に流すのである。そして、米国が欲しいものを直接日本に要求する形をとるのではなく、米国の欲しいもの（この場合は、「沖縄を恒久的基地として米国の支配下に置く権利・権益」）が確実に米国の手に入るよう、それも、日本側から米国に対して、「米軍の継続的な沖縄駐留」を願い出るという形で、依頼させるようもっていくのである。

米国からの機密情報を受けた（天皇の側近を含む）日本の親米派は、日本の最高指導者に米国の意向を伝える。日本側は、それを注意深く検討した後、米国発のメッセージと事実上同じ内容の書簡を、日本からの依頼という形をとって米国に送る。日本側から書簡を受けた米国は、日本からの依頼あるいは懇願を承認する。しかも、日本からの依頼を受け容れることが、米国の日本に対する「温情の証し」である、と米国は日本に念を押すのである。この米国の恩着せがましいようにも見える行動は、「パターナリズム」と言い表すこともできよう。

それはともかく、米国はこのように手管・根回しをすることで無事「スマート・ヤンキー・トリック」を完了することになる。繰り返しになるが、米国は、「スマート・ヤンキー・トリック」によって「依頼の発出源」が、日本であるような印象を第三者に与えられるだけでなく、反対勢力からの帝国主義批判をかわすことも期待できた。そして、「スマート・ヤンキー・トリック」から派生する「うま味」は、すべて米国が独り占めするという点も忘れてはならないだろう。

これらの点を踏まえた上で自説の説明に移りたい。

生え抜きの米外交官ジョセフ・グルー(Joseph C. Grew)は、一九三二年から四二年まで一〇年間の駐日アメリカ大使としての経験を通して、日本では天皇の国民に対する影響力がいかに大きいか身をもって熟知していた。そこで、日米戦争期から終戦後の対日占領期を通して、グルーは、「日本軍を無条件降伏させるには、天皇が必要である」とか、「日本人が喜んで従う唯一の声は、天皇の声である」と力説し、米国の国益にとって、天皇および天皇制の利用価値がいかに大であるかを、事あるたびに政府首脳に切々と訴えていた[8]。

「スマート・ヤンキー・トリック」の第一段階として、米政府は、米国の意向を、ジョセフ・グルーを始めとするワシントン在住の知日派[9]、またはシーボルトなど東京の連合国総司令部(GHQ)の上層官僚に伝え[10]、彼らのチャンネルを通して日本側の代理人、すなわち元駐ワシントン日本大使館一等書記官で、当時宮内府御用掛の寺崎英成などに、米国の機密情報を流すのである。そして、米国からの機密情報は、寺崎氏を通して、日本側の本命である天皇に伝えられたと考えられる(その流れを示せば、米政府→グルー＝ドウマン→フェラーズ＝寺崎→ヒロヒト天皇となろう)。

米国からの機密情報の内容を知った松平康昌らの天皇の側近たちは、天皇のつらいお気持ちを忖度し、打開策を検討する。その中で、目標を一旦定めるやそれを手に入れるまで一歩も引かない米国の国民性など、米国の政治・文化に造詣の深い寺崎英成は、「米国との交渉において、米国の意向を受け容れない限り、独立後の日本の安全保障問題は進展が望めない」可能性を、知米派の立場から強く示唆（内奏）したものと思われる。

そのような重苦しい雰囲気の中で、苦渋の選択と決断を迫られたヒロヒト天皇は、国民および国の将来を慮り、米国の願望を一〇〇パーセントに近い形で受け容れるのである。そして、天皇自らが、米国の願望と同じ内容のメッセージを作成し、あたかも自発的にそれを発信したかの印象を与えるような形で寺崎英成を通して、彼と頻繁に交際のあったＧＨＱの外交局長シーボルトに伝えたと考えられるのである。

このようにして米政府は、「スマート・ヤンキー・トリック」を弄することにより、「天皇からのメッセージ」は日本側から米国に「依頼」する形で発せられたという印象を第三者に与えることに成功したのである。加えて、米政府は、共産主義勢力からの帝国主義批判をかわすこともでき、米国の「反植民地主義国」としての自己像とアイデンティティも守ることもできたのである(11)。

一説には、「「天皇からのメッセージ」の動機、すなわち沖縄・琉球諸島の長い年月の占領を望んだ動機が、戦争責任の追及や共産革命を怖れる天皇個人の「利己主義にある」と、シーボルトは書き残した」ことから、同メッセージの「天皇発出源」説も考えられるが、しかし、筆者はそのような立場をとらない。

筆者は、長年米国と米国民性を観察し、研究してきたこと、それに上述の「スマート・ヤンキー・トリック」の分析から、「天皇からのメッセージ」の発出源が米国であったとの立場をとっている。確かに、現時点での入手可能な史料の点からして、「米国発出源」説は、仮説の域を出ないかもしれない。しかし、筆者が「米国発出源」説にこだわるのは、かつて大宅壮一氏が、東京裁判も、新憲法制定も、「見方によっては、アメリカによって企画演出された一篇のメロドラマだったということになる⑫」と指摘したように、「天皇からのメッセージ」の場合もその可能性は必ずしも否定できない、と考えているからである。

さらに、筆者が「米国発出源」説にこだわるもう一つの理由は、エリック・ゴールドマン（Eric Goldman）プリンストン大学教授が、「文書を読む時は行間も読むことを忘れるな。インスピレーションを大切にしろ。そこから歴史解釈の仮説が生まれる。すぐに検証できなくても、心のどこかに何時もおいておけば、いつか実現できる。そうでなくてもそこからまた新しい発見に至ったりする⑬」と語った大変重要なアドバイスを大切にしたいと思っているからである。

第II部

強いられた「自発的隷従」

第4章　日米関係の新スタート

対日占領末期にあたる一九四九年末から五〇年にかけて東アジア地域において連続して激震が走った。ソ連は四九年九月に原爆実験に成功し、その一カ月後の一〇月には中国共産主義政権が成立した。それに続いて、翌年の五〇年二月に中ソ友好同盟相互援助条約が締結され、六月には朝鮮半島において「熱い戦争」が勃発した。米国は、これらの出来事にすぐさま反応した。具体的には、日本に駐留させていた米陸海空軍部隊を朝鮮半島に派遣し、共産主義勢力と戦争状態に入った。

一方、対日占領の五年目を迎えていた日本では、ナショナリズムが年を追うごとに高まりを見せ、国民の間に占領軍統治への不満、それに反米感情が次第に表面化しつつあった。米政府は、朝鮮半島情勢のみならず日本国内の情勢変化に対応するために、対日平和条約の締結の時期を真剣に探っていた。そして、その締結日を五一年九月八日と決め、計六年間(一九四五～五一年)にわたる日本占領に終止符を打つことにした。

米国を代表して日本政府との条約交渉に当たったのが、共和党の外交専門家で国務省顧問のジョン・フォスター・ダレス(John Foster Dulles)であった。彼は、国務省官僚で日本及び極東問題担当のジョン・アリソン(John Allison)を対日政府交渉の首席顧問に抜擢し、日本政府との度重なる交渉を通して「寛大な平和条約」を選んだ。ダレスが「寛大な平和条約」を選択したのは、第一次世界大戦後、ドイツに懲罰的な講和条約を課した過ち、すなわち「残酷、無慈悲、かつ頑固なカルタゴ人の平和」[1]から教訓を学び、「ソフト・ピース」でもって日本を第二次大戦後の新しい国際秩序に組み入れることを最優先したからである。ダレス曰く「もしあなたがたが賠償を期待して日本の経済的自立を制限し、……日本の船舶を海上から駆逐し、織物工場を封鎖させるならば、あなた方はただ宿怨を招くに過ぎない平和を創り出していることになり、結果的に日本をロシアの勢力圏内に追いやることになるであろう」[2]と。

プリンストン大学の国際関係の教授フレデリック・S・ダン(Frederick S. Dunn)は、上記のダレスの意図と真意を正確に理解していた。外交問題評議会のディスカッション・リーダーを務めるダンは、「日本は、自由諸国にとって勢力均衡を維持する上で欠かせない国である。……もし我われが日本国民の善意を維持し続けられないならば、我われは極東全域を失ってしまうことになるだろう」と述べた。その上で、「ダレス氏は、日本を自由世界の一員にするには日本人の自発的な同意(傍点は筆者)が何よりも必要だと考えている。……それには常に絶え間ない努力が必要である」と付け加えた[3]。

さらに、ダレスは、米国の世界戦略の目的を、「冷戦下で日本を失うことを防止することである」と説明した。続けて、「我われは、中国―日本―ロシアの共産主義連合の可能性を阻止しなければならない。(日本に)制限をつけない対日平和条約により、その可能性を阻止することになろう」と述べ、「ソフト・ピース」のもう一つの目的が日本を共産主義陣営から引き離すことにある点を強調した。[4]

ところで、サンフランシスコ平和条約が、「ソフト・ピース」と言われるのは、日本が旧敵国のほとんどに賠償を払う義務を課されなかった上に、造船業や漁業を含め日本の商業活動にも何の制限も設けられなかったからであった。[5]

米国が求めた「基地」権

第一に米国が日本に期待したことは、日本が自発的に米国の世界戦略に協力することであった。それは、日本が米国に基地を提供し、前方展開基地としてその「自由使用」を米国に認めることを意味していた。もし在日米軍基地の「自由使用」が難しい場合、米国は、沖縄米軍基地の排他的な支配権を容認あるいは黙認することを日本に求めた。

米国の期待の背景には次の三つの要因があった。

大状況として、第二次世界大戦後、共産主義国の脅威が高まったことと、米ソ対立の激化という国際情勢の変化があった。中状況としては、米政府、中でも国防総省・軍部が、沖縄を太平洋戦争の「戦利品」とみなしていた。そして、小状況としては、米政府は、在沖縄米軍基地の排他的統治権を、日本が安全保障の対価として日本が米国に払うべき「正当な政治的代価」と捉えていた。[6]

そして、米国は自国の主張を正当化する際に次の三点を強調した。第一点は、米国民のトラウマとなっている「真珠湾急襲型の一撃」を防止できるという点であった。なぜならば、米国が在沖縄米軍基地の排他的な支配権を獲得することで、米軍は、米国に脅威を及ぼす国に隣接した地域で軍事展開が可能となり、それにより「米国の安全」が担保できるという点を力説した。

第二点は、(在日および在沖縄)米軍基地は、兵站基地として低いコストで兵器を補修したり、兵器の生産施設としても利用できるという点であった。その点についてジョン・マクノートン(John McNaughton)国防次官補は、「米国が沖縄を失うことは、米国にとって軍略的に「左腕をもぎ取られる」のに相当する」と説明した。[7]

第三点は、(在日および在沖縄)米軍基地の経済的利点であった。すなわち米軍基地は、中国大陸から一〇〇〇マイル以内に位置するので、米国は毎年何億ドルもの軍事費を節約できるという点であった。[8]

在沖縄米軍基地問題を巡って、時おり国務省と国防省・軍部との間に立場の違いや方法論を巡る意見の対立があったことは今では周知の事実である。しかし、両者には、米国の世界戦略上の目標、それに、日本本土ならびに在沖縄の米軍事基地の価値に関して、合意ないし意見の一致が見られたことも事実である。[9] 米政府高官のハロルド・ブラウン(Harold Brown)は、米国が、軍事と外交の両面で日本と緊密な関係を維持する理由について、「戦略的に極めて重要な日本の基地へのアクセスが持続的に保証されているから」と、米国の本音を吐露した。[10]

米政府は、沖縄が「国際連合の信託統治制度下に置かれるまで」という条件付きで、沖縄の占領統治権と沖縄の基地を自由に使用する権利を手に入れた。それらの権利は、締結した対日平和条約の第三条に明記されていた。加えて、米政府は、沖縄に対する日本政府の「潜在主権」を認めることにより、ソ連などの共産主義諸国から米軍に対しての「米国植民地主義」批判をかわそうとした。それは、米国の「反帝国主義」国としての自己像とアイデンティティを守るためでもあった。ところで、対日平和条約は「片面講和」とも呼ばれたが、それは、交戦国だったソ連、中華民国、それに中華人民共和国などが署名をしなかったからである。

平和条約が調印された同じ日に、日米両政府の代表は場所をサンフランシスコのオペラハウスから、米陸軍第六軍司令部のあるプレシディオ基地へと移し、日米安保条約に調印した⑪。ダレスは、条約を調印する際に「日本との解決すべき（在日米軍基地の）問題は、できるだけ日本人を刺激しない形で、我われの好きな場所に我われの好きなだけの期間、我われの好きなだけの軍隊を駐留する権利を手に入れることではないのかね」と側近に語った⑫。そして、彼は、米軍の駐留を講和後も希望するという日本政府からの要請を米国が受け入れる形で、米国の望み通りの基地管理権を手に入れた⑬。

翌年の一九五二年二月には、日米行政協定が日米両政府の間で結ばれた。同協定は、日米安保条約第三条にもとづいて日本に配備される米軍の法的地位について定められた日米行政協定であった⑭。ところで、同協定（六〇年六月から米軍地位協定）が、現在に至るまで日米間の摩擦と対立、それに両国の友好関係の発展を阻害する原因となっていることは周知のとおりである。

要するに、日米安保条約に盛られた日米間のギブ・アンド・テーク（妥協）の骨子は、日本が、基地の提供だけでなく基地の自由使用も米国に認めること、加えて、外交面においても日本が、共産主義と闘う米国に協力すること。それに対して、米国はその見返りとして、日本に「核の傘」と米軍を提供することに加え、日本国民の安定した経済生活を保証するという点にあった。

次に、安保条約を締結する際に、米政府が「基地」権を獲得する問題に勝るとも劣らないほど重視した基本的な対日方針について説明しておきたい。

米政府は、日本を自由主義陣営内に繋ぎ留め、そして「日本の行動自由を制御し、日本を米国の管理下におく」ことを対日政策の基本とした。その戦術として日本の脆弱性、すなわち日本の対米依存体質に注目したのであった。

その背景には米国民の日本人に対する固定観念があった。駐日アメリカ大使ダグラス・マッカーサー二世の日本人観はその好例である。少し長くなるが、ケネディ(John F. Kennedy)大統領とマッカーサー大使の間で交わされた会話の一部を紹介したい。

「日本が米国と最も強い結びつきを持とうとする背景には貿易問題がある。……もし貿易規制措置により日本製品が市場から締め出され始めたならば、日本は、餓死という国家的自殺の道か、あるいは共産主義陣営に歩み寄るかの、どちらかを選ばざるをえなくなるでしょう。日本の対外政策や国際関係は、生活の維持という経済的事実に名づけられているので、日本は、生計を立てていける地域、あるいは生計を立てるのに役に立つ国とならば、どの国であれ手を結ぶでしょう」と。[15]

言い換えれば、日本国民は、「生きるためなら右であろうと左であろうと、いかなる国とも手を結び、またいかなる行動も辞さない民族である」というのが、アメリカ国民の日本人に対する固定観念であった。

ケネディ大統領とマッカーサー二世駐日大使の会話に見られるように、米国の指導者たちは、日本にとっての死活的な問題とは、経済問題、すなわち原料、貿易、市場の確保であるとの認識を新たにしたのであった[16]。そのような認識の下に、米政府は、「日本が、国民の生活を支えるのに不可欠な海外市場へのアクセスが得られるよう、十分な注意と配慮が必要である」との結論に達したのである。

さらに、米国が日本の経済復興や経済発展に協力するに至った背景には、次のような思惑が働いていた。

一つは、日本の経済的対米依存によって、日本の中国市場への依存を抑えることができることであり、二つは、日本の経済発展によりその資力の一部を、日本の自衛力強化（再軍備）に向けることが可能となり、それによって米国の日本防衛のための経費負担が軽減できることであった。三つは、日本の経済的対米依存によって、米国は日本の「行動自由を制御」し、「日本を米国の管理の下におく」ことが期待できるというのであった。実際に、その後の対日貿易交渉において米国は、日本経済の依存体質を最大限に利用した。

具体的には、米政府は、日本の経済協力開発機構（ＯＥＣＤ）への加盟や国際通貨基金（ＩＭＦ）第八条国への移行などを支援するなど、日本の経済的存立に不可欠な米国市場やヨーロッパ市場を開放することを心がけた[17]。ある意味で、それは日本の経済的対米依存関係を維持するために、米国が「エコノミック・マネージャー」として日本の経済「管理」にコミットしていくことを示唆するものであったとも言えよう。

もちろん米国の指導者は、その見返りとして「自主的な」日本の対米協力を日本政府に求めることを決して忘れはしなかった。「自主的な」日本の対米協力とは、具体的には、①日本の防衛力の強化であったり、②アジア・アフリカ諸国への対外援助額の増額、それに③貿易の自由化であったり、④沖縄の社会的安定化、そして⑤繊維その他の製品の対米輸出の自己規制や、⑥対共産諸国との貿易規制、さらには⑦米原子力潜水艦の寄港化などにおける協力であった[18]。

米政府は、その方針と成果に少なからず満足している様子であった。そして、一九六一年五月に「もし対日貿易が拡大するこの傾向を、来る一〇年間維持することができれば、日米同盟関係および日本の西洋諸国との相互依存関係は、日本の国益に資するものとなるので、左翼が政権を握ろうと、右翼が握ろうと、日本政府はこの（現在の）路線を逆転することはできないだろう」との認識を明らかにした[19]。

文化的特質への注目

米政府は、日米関係を米国にとって望ましいように方向づけ管理するために、政治・経済の面だけでなく日本人の文化的特質にも注目した。その一つが、他のアジア民族に対する日本国民の自民族優越主義感情であり、もう一つが、「寄らば大樹の陰」や「長いものには巻かれよ」の諺に表れているように、影響力のあるパトロンに支援を求めるという日本人の体質であった。これらの諺は、多くの日本人に共有されている人生訓である[20]。

米政府は、日本人のこれらの文化的特質を有効に活用した。ダレスは、日本人が「人種的にも社会的にも中国人や朝鮮人、それにロシア人よりも優れている」という優越感情を抱いていること、それに、「アングロ＝サクソン民族のエリート・クラブの正会員として扱ってほしいという強い願望を抱いている」ことを熟知しており、彼は、日本人のこれらの特質を対日平和条約の交渉において最大限に活用したのであった(21)。

要するに、米政府は、在日米軍基地の自由使用と在沖縄米軍基地の排他的統治権を完全に掌握するには、日本の政権政党がどのような政党であれ、常に軍事と経済の両面において日本の「急所」を握っていることが必須であると考えていた。言い換えれば、それは、日本が米国に依存している状態を保ち続けることを意味していた。その条件が満たされている限り、米国は長きにわたって「日本を米国の管理下に置く」ことができるというのであった。

しかし、上述したように、米国の指導者、中でもダレスは、軍事と経済の両面において日本の「急所」を握るためには、米国はたゆまぬ努力を通して日本との友好関係を長く維持し、対米協力を日本から取り付けることが最大の重要課題と考えていた。この脈絡において米政府は、文化政策・文化外交(米国のソフト・パワー)の重要性に注目するようになったのである。

なぜならば、日本と日米安保条約を取り交わした米国側に全く悩みや心配の種がなかったわけではないからである。特にダレスは、在日米軍基地の存在が日本国民に反米感情を抱かせ、それが日米関係に悪影響を及ぼすのではないかと案じていた。また、ダレスの側近で、外交問題評議会対日講和会議の責任者であったジョージ・S・フランクリン二世(George S. Franklin II)も、「米軍事基地が日本に押し付けられた、という印象を日本国民に与えるならば、基地の存在は日本国民にとって

りで仕方がなかった[22]。

　ダレス自身、日本と末永い友好関係を維持するには、文化交流を持続的に重ねていく努力が不可欠であることを十分に認識していた。ダレスにそう言わしめたのは、研究振興のために国内外の研究者に財政支援をしてきたロックフェラー財団の理事を務めた経験があったからである。実際に、講和条約の交渉のために五一年一月にダレス使節団が東京に派遣された際に、ダレスは、長年知己でもあったロックフェラー財団のジョン・D・ロックフェラー三世を「講和使節団」の一員に加え、文化担当顧問として同伴させた。

　米政府は、できればソフト・パワー（文化交流など）でもって、日本国民の間に親米感情を醸成し、日本国民の自発的な対米協力を取り付けること、あるいは、必要とならばハード・パワー（経済制裁や軍事的圧力など）でもって、力づくでも日本から対米協力を引き出す決意を固めたのであった。

　一方、日本の国民は、五一年の安保条約を問題の多い条約と捉え、それに対する不満を隠さなかった。日本の国民が不満を抱いた理由の一つは、安保条約が米国から無理やりに押し付けられた条約であるとの印象を強く抱いていたからである。というのは、国民の念願である独立を達成するためには、日本国民は、平和条約と抱き合わせの形で安保条約を受け入れざるを得なかったからである。二つ目は、安保条約には、日本に対する米国の防衛義務が定められていなかったことであった。三つ目は、条約の期限が定められていなかったことであり、四つ目は、安保条約に挿入された「内乱条項」によって、米国が日本の内政に干渉できたという点にあった。最後の五つ目の理由は、条約には事前協議制度が設定されていなかったことである。[23]

上述したように、日本政府は平和条約を締結した後、すぐに米国と日米安保条約を締結した。サンフランシスコ会議に全権団随員として出席した西村熊雄外務省条約局長は、日米安保条約を「日本は施設を提供し、アメリカは軍隊を提供して日本の防衛を全うしようとする……物と人との協力」に関する協定と定義づけた。[24] しかし、恐らく条約締結の際には西村外務省条約局長は、期待と不安が入り混じった複雑な気持ちで臨んだものと思われる。というのは、西村条約局長も、「悔しい思い」をしながら米国との交渉結果の「大きな問題」を認めざるを得なかったからである。[25]

日米安保条約が「物と人との協力」の協定であったとはいえ、力の上で米国が圧倒的に優位にある現実からして、同条約が「対等のパートナー」とは程遠い、非対称な「勝者と敗者」の協力関係であったと言っても過言ではない。言い換えれば、日米安保条約は「日本の自主性を自主的に放棄する」、あるいは自発的対米追従方針の下に結ばれた日米軍事条約であり、それは「消極的な黙従による支配」のための取り決めであったと言えよう。一六世紀半ばのフランス人裁判官エティエンヌ・ド・ラ・ボエシ(Étienne de La Boétie)は、そのような「自発的な協力」関係のことを「自発的隷従」と呼んだ。[26]

本来、自由とは、人間を常に緊張状態に置くものである。国際社会の構成体である国民国家が主権を行使する国家であることを望む限り、国民国家も常に緊張状態にあり、また、そうあるべきである。かつて米国の中国研究者オーエン・ラティモア(Owen Lattimore)が述べたように、自由を法文化するだけでは十分ではない。自由は実践されなければ滅びていくのである。

私たちの希求するリベラリズムもしかりである。リベラリズムは、複数の人たちの間の激しい対立と議論を通して醸し出される緊張の産物である。したがって、リベラリズムほど人間に不安を感じさせるものはないと言っても過言ではないだろう。というのは、リベラルな人間は自分で自分の道を探して歩かねばならず、その歩行は暗中模索型の安定を欠いたものだからである。

たとえば、中立であること、中立的姿勢を保つことというのは、単に真ん中にいるという意味の「中庸」を意味するものではない。それは、自分の身を二つのものの中間に、すなわち二つのものから等距離のところに置き、自身の知力と感性をフルに駆使しながら、両者を冷静に見比べることを意味する。言い換えれば、中立とは緊張以外の何ものでもないのである。

したがって、国家が自由で独立した国家であり続けるためには、国民一人ひとりに正しい判断力を身につける自己鍛錬の不断の努力が求められるのである。自由は各々の世代において再確認され、実践されなければならないのである。

私たち国民は、日常生活において自由や独立性を大切な価値として求めようとする。しかしながら、私たちは、何らかの形で自由を手にし、いざ自由を行使するとなると、様々な理由や言い訳を使い、その自由を実践することを避けようとする。すなわち自由を手にした瞬間、それまで求めていたはずの自由や自律性を、不安定や不安と重ね合わせてネガティブに捉え、自由を行使する、すなわち実際に独り立ちすることから身を引きがちになる。そして、私たちの多くは、わが国の伝統的な生活の知恵である「寄らば大樹の陰」に身の安全を託す誘惑にかられるのである。

知識人についても同じようなことが言えるのではないだろうか。知識人と言われる多くのインテりは、これまで西洋の文化・思想を学んできたが、それはあくまでも借り物の思想であって、必ずしも自分のものとしていないように思われる。言い換えれば、自分で苦しんだことのない、自身が格闘した経験のない思想である場合が多かったのではないか。日本のインテリの多くが、自分の前に立ちはだかる「権威」という壁に見合うだけの十分な力をもっていない、すなわち権威に対する弱さ、あるいは権威への従順さの原因はそこにあるように思われる。

日本の位置は、ともすれば日本の知識人を苦しい立場に置いていると言えよう。しかし、日本の国民は、あくまでも対等を希求している。今は亡き斎藤眞教授は、「心理的に（あくまでも心の問題です）一度日米安保を切り、改めて日米安保を結び直すくらいの態度でないと、流れに任せてしまうことになりましょう[27]」と述べたように、日本の知識人の苦しい立場は、むしろ複眼的な目でものを見、判断する自己鍛錬の機会を彼らに与えていると、筆者は考えている。

第５章　日米から見える「一九五〇年代」という時代

一九五〇年代の米国社会

一九五〇年代の米国は、軍事、経済（金融、生産、流通の三部門）、文化（国際的指導力やイデオロギー）の三領域すべてにおいて圧倒的な力を誇り、世界の覇権国として絶頂期にあった。そして、自由主義陣営の盟主として、四〇を超える国々と安全保障条約を結び、四〇〇にのぼる海外基地網を世界各地に巡らし、世界の警察官の役割を果たしていた。また、戦後築いた自由主義的・資本主義的秩序を維持するために、米国は、ソ連や共産中国、それに戦後の秩序に異議を唱える反対勢力を敵にまわして、冷たい戦争と熱い戦争を同時に世界各地で戦っていた。

一九五〇年代は、米国史において「豊かさの時代・繁栄の時代」と捉えられている。一九五〇年代末の米国の国民総生産（ＧＮＰ）は、イギリスおよび西ドイツの六〜七倍であり、また日本の一一倍であった。一人当たりのＧＮＰにおいても米国はヨーロッパ主要国の二倍、そして日本の六倍と群を抜いていた。米国民は、経済力と豊かさを背景に自国への誇りや自信、それに自負心を抱く方、国家建設のために海外からの支援を必要としていた発展途上国への開発援助も惜しまなかった。

さらに米国は、海外からの留学生や研究者も数多く受け入れた。米国民の間ではホームステイの受け入れなどボランティア活動が盛んで、市民は海外からの訪問客へのおもてなしや世話にも気前よく、米国は人間味あふれる民度の高い民主国との評判が高まった。米国留学の機会に恵まれた海外からの研究者は、当時マルクス主義に批判的な立場をとっていた大学や研究機関で、マックス・ウェーバーやタルコット・パーソンズ流の社会学や、近代経済学、開発経済学などの社会科学、それに米国内の対立や亀裂よりも団結や安定性、それに合意された価値（コンセンサス）を強調する保守主義的な歴史学などを学んだ。そして、彼らの多くが「近代化理論」の伝播者としてそれぞれの国へと帰っていった。(1)

また、米国の経済は、連邦政府の庇護と労使協調体制（新協調組合主義とかネオ・コーポラティズムとも呼ばれる）の下で、年を追うごとに国内総生産率（GDP）と利潤率を伸ばし、大量生産と大量消費が拡大した。めざましい経済成長に後押しされ、全国各地において都市化と郊外化が急速に進んだ。社会の急速な変化を目の当たりにした多くの国民は、夢にまで見てきた「アメリカン・ドリーム」が現実になりつつあるとの印象を抱いた。

「アメリカン・ドリーム」とは、自由と機会の平等の国、それに努力と創意工夫によって誰もが金持ちになれ、物質的な「幸福が追求」できる国アメリカ、そのような「豊かな社会」に対して抱く楽観的なアメリカ像のことである。それは、米国民の統合のシンボルでもあった。「アメリカン・ドリーム」は、とりわけ一九世紀末から二〇世紀初頭にかけてヨーロッパ各地から移民として新大陸に渡り、第一次と第二次の二度の世界大戦を経験した米国民にとって米国人としてのアイデンティティを確認する上で大きな意味を持っていた。

しかしながら、第3章で述べたように、一九五〇年代の米社会の現実は、必ずしも光り輝く自由で平等な社会とはいえなかった。というのは、五〇年代初頭には全米各地で「マッカーシー旋風」の名で知られる反共主義の嵐が吹き荒れており、また、南部諸州においては人種隔離と人種差別事件が頻発していたからである。人種差別反対運動と公民権運動が、初期は南部において、そして次第に全米各地へと広まりつつあった。一九五五年にアラバマ州モンゴメリーにおいて行われたマーチン・ルーサー・キング(Martin Luther King, Jr.)牧師の指導によるバス・ボイコット運動がその好例である。

国外に目を向けると、一九五七年一〇月にソ連が世界初の人工衛星スプートニク第一号の打ち上げに成功したというニュースが世界中を駆け巡った。この衝撃的な報道を耳にした米国民は、自信とプライドを大いに傷つけられることになった。なぜならば、国民はそれまで米国が科学技術の面で断然優位にあると信じ込んでいたからである。そして、すぐさま米議会はもちろんのこと、全米各地で「ミサイル・ギャップ」論争が繰り広げられることになった。

このように、米社会の現実と「アメリカン・ドリーム」との間にはかなりの「ずれ」があったことがわかる。確かに一九五〇年代の米国は、一方で物質的な「豊かさ」と生活の快適さには恵まれていたが、他方で米国民の多くは冷戦を戦う米国の行く末に一抹の不安を抱いていた。

一九五〇年代の日本社会

それでは一九五〇年代の日本社会はどのような状況であったのか。五〇年六月の朝鮮戦争の勃発、それに朝鮮特需が牽引車となり、日本の経済状況は徐々に回復し始めていた。一九五二年から五八年までの実質国民総生産は、年平均七パーセントの伸び率を示し、日本経済は着実に復興への道を歩みつつあった(2)。国民は、経済の復興とともに自信を取り戻し始めていた。そして、国民の間にはナショナリズムが徐々に高まりつつあった。

五三年の朝鮮戦争の休戦と翌年のインドシナ戦争の休戦による国際的緊張緩和の中で、五五年二月に総選挙が行われた。社会党が護憲・非武装中立をスローガンに掲げて善戦し、議席数を同党左派が一五議席、そして同党右派が六議席それぞれ増した(3)。国民の間では、社会主義政党政権の誕生が夢ではなく、実現の可能性がでてきたと囁かれるようになった。その後まもなく左右両社会党は統一し、五五年一〇月に日本社会党が誕生した。それにより反共保守勢力の間に左翼共産主義への危機感が高まった。

日本社会党の誕生が引き金となり、五五年一一月に自由党と日本民主党が合同し、自由民主党が結成された。それには経済同友会など財界からの強い働きかけがあったと言われている。日本社会党の誕生に続き、自由民主党の結成でもって、いわゆる「五五年体制」が始まった。

五五年一一月に成立した第三次鳩山内閣の後を継いで、五六年一二月に石橋湛山内閣が成立した。しかしながら、石橋内閣は首相の病気のために短命に終わった。続いて、五七年二月に岸信介政権が誕生した。

当時日本では、ナショナリズムの高まりに加え、五七年一月のジラード事件(群馬県の主婦が米兵に射殺された事件)や七月の砂川事件が引き金となって、反米感情と基地反対運動が高まっていた。そのような中で、岸首相は、対等の立場で話し合う「日米新時代」を拓くことを目標に掲げるとともに、片務的な旧安保条約を改定することを岸政権の最重要課題と捉えていた。

岸首相はすぐさま条約改定の作業に取り組んだ。[4] 岸内閣は、五五年八月の「重光＝ダレス会談」の教訓を肝に銘じつつ、米政府と交渉を重ね、[5] 三年余り後の一九六〇年六月に旧安保条約の改定を実現させた。しかし、それは「安保騒動」の名で知られる大混乱と首相退陣という大きな代価を払った上でのことであった。

一九六〇年に入って世界を震撼させる出来事が起こった。それは、六〇年五月、米U2型偵察機がウラル上空でソ連に撃墜された事件である。米ソの関係はそれまで雪解けのムードであったが、この撃墜事件を契機に米ソ首脳会談は決裂し、全世界に戦争への恐怖感が高まった。

「六〇年安保」闘争の小史

一方、日本の国内では、「安保条約の破棄」を含む「安保改定の阻止」を目指して学生、主婦、若者、学者、文化人、組織労働者らを中心に約三〇万の国民が立ち上がった。いわゆる「六〇年安保」闘争の始まりである。しかし、実際には「六〇年安保」闘争は一九五九年からすでにスタートしていた。というのは、一九五八年の警察官職務執行法(警職法)改正案反対運動を契機に、五九年

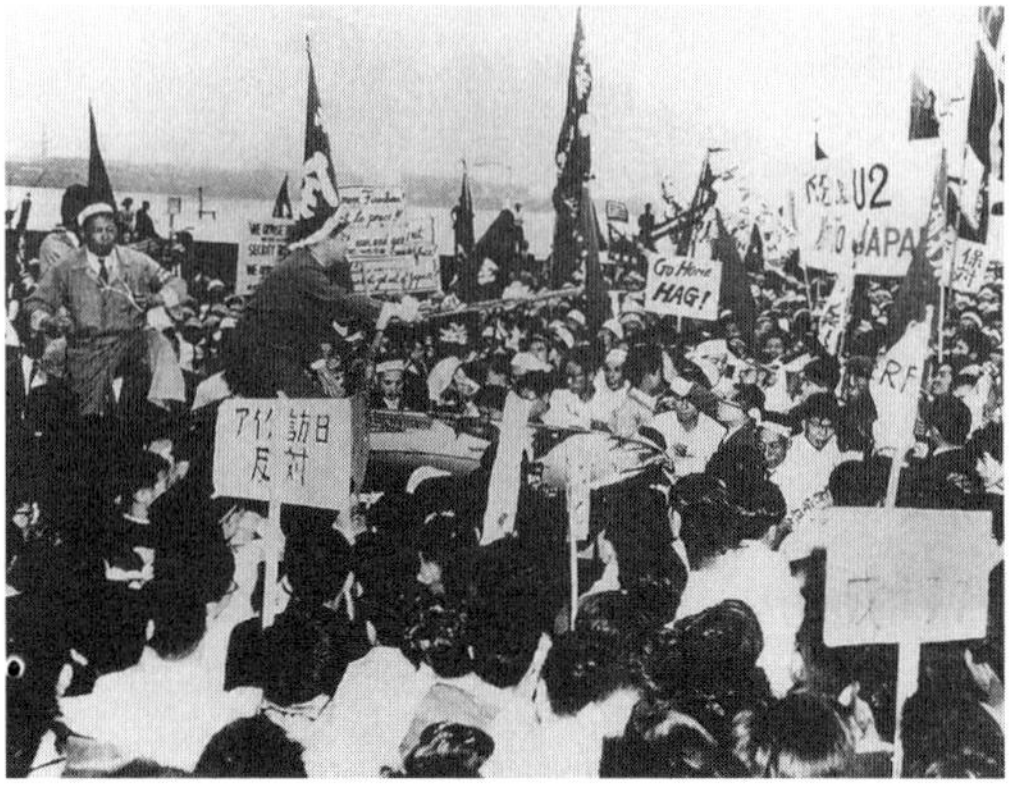

安保闘争

に安保問題研究会による外務大臣への質問書が送付（一九五九年一〇月）されていたし、また、一一月には安保改定阻止国民会議（同年三月に結成）による国会請願運動が起きていたからである。[6] 五九年八月に行われた毎日新聞社の全国世論調査によると、「安保改定をどう思うか」の問いに対して、国民の二八パーセントが「改定に賛成」、「破棄に賛成」は一九パーセント、「わからない」が四〇パーセントであったという。

その後、五九年一一月の国会請願「乱入」事件が起こり、翌六〇年一月の日米新安保条約の調印、そして、同年四月には一〇〇〇万を超える請願運動が続いた。引き続き、五月一九日には岸内閣は新安保条約の強行採決を断行した。それにより、「六〇年安保」闘争は一段と激化し、社会は一挙に緊張度を高めていった。

「六〇年安保」闘争を巡る議論は、時期を二つに分けて論じられることが多い。一つの時期は、上述の五九年一一月の国会デモを皮切りに、旧安保条約と軍事基地網の形成に反対して繰り広げられた一九五〇年代末から六〇年までの「長い安保闘争」であり、もう一つの時期は、新安保条約が自民党単独で強行採決され民主主義への危機感が国民の間に極度に高まった六〇年五月一九日深夜から、条約批准が自然発効した六月一九日までの三〇日間の「短い安保闘争」である。

政治家をはじめ、大学教授や評論家、それにジャーナリストなどは、雑誌上でのシンポジウムや公開討論会を開き、様々な立場から闘争の歴史的意義を巡って議論を戦わせてきた。その中で、「六〇年安保」闘争を、「政治的スローガンに統一された政治闘争」と意義づける人や、「戦後史の頂点をなす事件」とか、「戦後精神史の分水嶺」と位置づける学者もいた。ここでは紙幅の都合もあり、議論の内容にまで立ち入らないことにする。[7]

一方、岸自民党政府は、「六〇年安保」闘争を、「国際共産主義勢力の指導による計画的、集団的暴力行為による民主主義秩序の破壊」行動と呼び、強く批判した。とりわけ岸首相は、アイゼンハウアー米大統領の訪日延期の責任を「国際共産主義の手先に踊る一握りの国民」に帰したのである。[8]

岸信介首相と同じように海外からの報道記者も、学生たちを十把一絡げに「観念的で反米的な共産主義者」と酷評した。海外からの報道記者は、学生たちを反共主義の濃いバイアスがかかった目で眺めていたために、彼らをデモに駆り立てているのが純粋なナショナリズムの感情であることに気付きにくかったのかもしれない。しかし、学生たちは、一部を除いて、実際には反戦ナショナリストであ

「60年安保」闘争略年表

1959年11月27日	全学連主流派による国会突入事件
1960年1月16日	羽田空港座り込み闘争，条約調印使節団の出発
1月19日	安保条約調印
5月19日	深夜，強行採決
6月10日	ハガチー事件
6月15日	安保改定阻止第2次実力行使，樺美智子死亡 アイゼンハウアー大統領訪日延期要請
6月19日	新安保条約の自然承認
6月23日	批准発効，岸退陣表明

アイゼンハウアー大統領(中央)

り、また、彼らは全学連主流派、全学連反主流派、共産主義者同盟(ブント)など多様な組織から成る集団であった。

さらに、『ニューヨーク・ヘラルド』紙や『ニューヨーク・タイムズ』紙は、「六〇年安保」闘争を、「群衆ないし暴徒(“mob”)」による騒動(“riot”)といった「バイアス」のかかった言葉で呼ぶ一方、反安保闘争を民主主義の制度を脅かそうとする「国際共産主義勢力」による扇動と破壊行動であると酷評して、全世界に報道した。また、東京在住の米国人の目には、死者まで出した議会外での大規模なデモ行進が、米国の日本国民への「信頼を裏切る非民主主義的な行為」と映った[9]。

駐日アメリカ大使館の見方は、海外からの報道記者以上に厳しかった。中でもダグラス・マッカーサー二世駐日アメリカ大使は、メディア界、知識人、それに大学人に特に厳しかった。米大使は、日本の「メディア界や知識人らは、議会の多数派が少数派を抑え込んで意見を押し付けることは圧政的であり、恥ずべきことだと考えているが、そのような考えは、議会の少数派に事実上の拒否権を与えることを意味するものである」と述べ、「六〇年安保」騒動の原因が未熟な日本の議会制民主主義にあると結論付けた。

さらに、米大使は、日本のインテリや大学の教員が自分の意見を述べないのは、日本の知識人が人から非難されるのを恐れ、臆病で（mcral cowardice）、勇気がないだけでなく、「自由対共産主義」の闘いについて無知で、ナイーブであるからだ、と痛烈に批判した[10]。

第III部

「自発的隷従」の固定化

第6章　ライシャワーと日米新時代

前章で触れたように、「六〇年安保」闘争は米大統領の訪日中止を余儀なくさせただけでなく、岸内閣を退陣に追い込んだという点で私たちの記憶に長く残る、大規模な大衆政治運動であった。さらに、「六〇年安保」闘争は、米政府の多くの指導者を含む、当時全米で屈指の知日派として知られていたライシャワーにとっても、彼の対日認識を大きく揺るがす大事件であった。

そこで、次に一九六〇年代に日米友好の新時代を築く上で重要な貢献をしたアクターであるライシャワーに登場してもらい、彼の「安保騒動」観をはじめ、日米「イコール・パートナーシップ」構想や「新日米安保条約」観について検討を加えてみたい。

エドウィン・O・ライシャワーの横顔と「安保騒動」観

エドウィン・O・ライシャワーは、一九一〇年に宣教師オーガスト・カール・ライシャワー家の次男として東京で生まれた。エドウィンは、日本で約一七年間過ごした後、二七年九月に米オハイオ州の名門リベラル・アーツ・カレッジであるオーバリン大学に入学した。同大学で学んだ後、ハーバード大学の大学院へ進んだ。そして、三三年からパリ大学に、三五年から三七年までは東京帝国大学と京都帝国大学の大学院に、それぞれ留学した。その後米国に帰国し、三九年にはハーバード大学から博士の学位を取得した。第二次世界大戦中は日本の専門家として国務省に勤め、五〇年にハーバード大学の教授となった。ライシャワーの専門は日本古代史であったが、東アジア問題や日米関係についても深い関心を持ち続けていた。著書『合衆国と日本』(一九五〇年)や『転機にたつアジア政策』(一九五五年)がそのことを裏付けている。①

ライシャワー教授は、安保騒動の事件を取り上げて一九六〇年に「日本との断たれた話("The Broken Dialogue with Japan")」という題の論文を外交問題評議会の季刊誌『フォーリン・アフェアーズ』に投稿した。彼は、安保騒動を戦後日本史における重要な転換点であると同時に、「戦後日本の政治と日米関係にとって最大の危機」と位置づけた。②ライシャワーは、安保騒動の原因を、日本について米国側の情報不足とアメリカ大使館の人材不足にあると捉える一方、安保騒動を日米関係の「最大の危機」と呼んだ。中でも、ライシャワーは、アメリカ大使館と日本の社会、特に世論に強い影響力を持つメディア関係者や知識人との対話が不足していたことに加え、アメリカ大使館と野党的勢力との接触や対話も十分でなかったことを非常に残念に思っていた。③

さらに、大使館の人材不足の問題に加えて、ライシャワーは、アメリカ大使館の態度や姿勢にも問題があると考えていた。それは、アメリカ大使館が「安保条約反対」を叫ぶ日本人を十把一絡げにマルクス主義者とみなし、彼らに対してむき出しの「パワーと敵意」、それに反共主義を露骨に表した形で対応してきたという点であった。そのような対応はマッカーサー二世駐日アメリカ大使の場合、特に顕著であったという。ライシャワーは、そのような大使館の対応の仕方では、親米的になる可能性のある多数の日本人を反米的にしてしまうだけでなく、彼らを共産主義陣営に追いやってしまうことになる、と心底から心配していた[4]。

ライシャワーは、「安保騒動」によって露呈されたアメリカ大使館の諸問題を是正するには、日本の国民との幅広い接触が重要かつ必要と考えた。このライシャワーの着想は、一九六二年の日米文化教育交流会議（カルコン）の設置へと繋がっていくことになる（詳しくは第7章を参照）。

駐日アメリカ大使としてのライシャワー

ライシャワーは、ケネディ大統領が任命した「学者大使」三名の中の一人で、米国きっての日本問題の専門家である。彼の他に、同じくハーバード大学のジョン・K・ガルブレイス（John K. Galbraith）教授がインド大使に、ジョージ・F・ケナンはユーゴスラビア大使にそれぞれ任命された。

米国を離れる前にライシャワーは、国務省で数日間前打ち合わせをし、その後六一年四月二七日に駐日アメリカ大使に着任した。彼は、その日から六六年七月二五日までおよそ五年余り、ケネディとジョンソン両民主党政権の駐日アメリカ大使を歴任することになる。その間ライシャワー米大使は、米政府の代表として日本の各界の指導者をはじめ、知識人やマスコミ関係者など数多くの民間人との対話や意見交換に努め、日米友好関係の発展のために奮闘する[5]。

ライシャワーが日本生まれで、日本語を流暢に話す極めて稀な米大使であること、それに日本への深い愛情ならびに日本文化の広い知識と深い認識を有する親日家でもあることは、日本国民のみならず世界の人たちに知れ渡っていた。また、彼の妻ハル夫人は、松方正熊・ミヨ夫妻の次女で、祖父は明治の元勲松方正義公爵である。また、国際文化会館の創設者である松本重治と元駐米大使の牛場信彦の両氏は、ハル夫人の従兄にあたる。

ライシャワー米大使の課題

東京に赴任してすぐにライシャワーは、近年の社会党の躍進ぶりに鑑みて、新大使としての重要課題は次の四点に集約されると考えていた。一つ目は、世界戦略上、東アジアにおいて米国の防衛システムを維持すること。二つ目は、日本を長期にわたり米国側に引き留めておくこと。三つ目は、左翼勢力による日本の支配を阻止すること。四つ目は、社会党の唱える中立主義に歯止めをかけることであった⑹。というのは、社会党が政権を奪取すれば、それが現在の日米友好のトレンドを逆転するだけでなく、東アジア地域においてパワー・バランスが共産勢力側に有利にシフトする、と考えていたからである⑺。

このような時代感覚と明確な目的意識を抱いていたライシャワー米大使は、すぐさま日本における行動計画を練り始めた。次に、ライシャワーが日本国民との幅広い接触を持つ際の重要なターゲットと位置づける「日本の知識人」についての彼の所見を検討したい。

ライシャワー米大使の「日本の知識人」観

サクストン・ブラッドフォード（Saxton Bradford）広報担当官や前ロックフェラー財団人文科学部長で、駐日アメリカ大使館文化広報担当公使に新しく着任したチャールズ・B・ファーズ（Charles B. Fahs）など、日本の知識人に対する米大使館員のイメージは全般的に否定的であった。彼らによれば、日本のインテリは米国について無知であるか、あるいは無理解であるというのであった。中でも、進歩的知識人と呼ばれる左翼系知識人は、その傾向が強いと思われていた。ライシャワー米大使も同様に、日本の知識人の評価は決して高くはなかった。なぜならば、日本のインテリの米国観は、「誤り伝えられた米国情報と誤解」に基づいたものと捉えられていたからである。そのために日本のインテリの米国観が、米国の世界戦略の展開に大きな障害になっている、とライシャワー米大使は考えていた[8]。

ライシャワー米大使は、東京での記者会見において、「米国が世界各地に軍事基地を展開するのは世界平和を維持するためであり、それは米国および世界に脅威を及ぼしている好戦的な勢力に対抗する防衛的な性質の措置である」と説明し、米国の動機の純粋性を強調した[9]。そして、彼は、日本の左翼系知識人が、米軍基地の世界的展開を帝国主義だとか、「基地租借帝国（Leasehold Empire）」だと決めつけ、米国の善意や動機の純粋さを理解もせずに米国を批判し、誤解していることを大変残念がっていた。

ライシャワーと同じく、日本専門家のファーズも日本の知識人に大いに失望していた。ファーズによると、日本の知識人は、六〇年の安保条約の改定が世界平和を希求する米国の「善意」に基づいたものであることを理解していないということであった。加えてファーズは、日本を共産主義の侵略から守り、真の中立と独立を維持するためには、再軍備するしか選択肢はないことについて真剣に考える知識人が皆無に近いことを大変残念に思っていた。ファーズは、特に社会党支持派の知識人に厳しく、「現状を理路整然と説明できない左翼系知識人」を、「非現実的」で「無責任」と呼んで痛烈に批判した[10]。

さらに、ファーズは、日米間のパーセプション（認識）・ギャップの問題に触れ、「もし米国民や米議会が日本国内での発言や出版の内容をもっと知っていたならば、日本の貿易は深刻な影響を受けるかもしれない。日本がある程度守られているのは、米国が（その内容を）知らないからである[11]」と日記に書き記した。ところで、ファーズのこの発言は、米国民の多くが日米安保条約を「一方的に日本に有利な条約」と見ていたことを示唆している点で興味深いと言えよう[12]。というのは、日本の国民も少なからず日米安保条約に対して被害者意識と不満を抱いており、日米両国民の間にはある種の「認識のずれ」と「相互不信」の溝を見て取ることができるからである。

ライシャワー米大使の新安保条約観

ライシャワーが、一九六〇年の新安保条約の締結を、戦後日本史の重要な転換点と捉えていたことは上述したとおりである。ライシャワー米大使は、「経済的にも、政治的にも、軍事的にも米国や自由世界にとって、年を重ねる度に日本の重要性がますます明らかになってきている」との現状認識を述べたあと続けて、なぜならば、在日米軍基地および在沖縄米軍基地が利用できて初めて、東アジア全域に展開している米国の軍事的プレゼンスの実効性が発揮しうるからだ、と持論を力説した[13]。そして、ライシャワーの持論は次の三点に要約できよう。一つは、琉球問題が日米関係全体の一部を成しており、日本と切っても切れない関係にあるとの認識を抱いていること。二つは、日本政府、本土の国民、それに沖縄住民の三者を一体として捉えていること。そして三つは、これら三者すべての関係、中でも日本政府と米国との関係が、東アジア全域における米国の軍事的展開のカギを握っている、という点であった。

ライシャワー米大使は続けて――

「沖縄それ自体が重要というのではなく、米国の国益を追求するには日本の理解と協力が不可欠であるということだ。その意味で、日本政府との関係が重要なのである。もし日本政府と国民が、米国との同盟に反対を唱えるようになれば、在沖縄米軍基地の反対運動が日本国民と沖縄住民の間に急速に高まるであろう。そのため米軍基地の軍事的価値は大きく損なわれると同時に、米国の政治的代価も高まるのは必至である」と。ライシャワー米大使の読みは、日米関係がこじれれば、在日米軍基地はもちろんのこと、沖縄におけるすべての権益をも失うことになる、という点にあった[14]。

琉球問題を巡って、ライシャワー米大使、それに国務省と国防総省の間で見解を異にすることがしばしばあったことは、今では多くの人たちには周知の事実となっている。少し長くなるが、琉球問題に対する国務省の基本的な立場は次のように要約されよう。

「忘れてならないことは、我われ（米国―筆者）は、異国の人が望まない、時代錯誤的な行政管理をしていることである。我われが賢明に立ち振る舞い、運に恵まれれば、異国民を支配することがもたらす不安定な状態もある程度の間は持ちこたえられるかもしれないが、再び不安定な状態になるのはほとんど避けられないように思える。恐らくそれは一〇年以内に現実となるだろう[15]」

具体的に、ライシャワーと国防総省との議論のやりとりは次のようであった。

日米関係が、琉球問題を巡ってこじれ、深刻化した場合、米国はそのために日本(在日米軍基地―筆者)を「失ってしまう」かもしれない。さらには、在日米軍基地と沖縄米軍基地の両方を放棄せざるを得ないかもしれないこと。上記の認識に関しては、ライシャワー米大使も国防総省も見解は共通していた。

しかし、ここから先の対処方法を巡って、両者は鋭く対立していた。国防総省は、在日米軍基地を放棄せざるを得なくなった場合、琉球(沖縄)を極東地域防衛の「頼みの綱」と位置づけ、琉球諸島を日本にとって代わる、すなわち「在日米軍基地の代替」と捉えていた。それに対して、ライシャワー米大使は、上述した理由から「国防総省の考え方は間違っている」と痛烈に批判した[16]。

要するに、ライシャワー米大使は、日本本土と沖縄が手を組んで反米基地闘争になると、日米安保体制そのものを切り崩すことになると考え、日本本土と沖縄の反米基地闘争を切り離す(分断)戦術を強く主張したのであった[17]。

そのような現状認識を抱いたライシャワー米大使は、日米新時代(一九六〇年代)における米国の最重要課題は、日本と「長期にわたる恒久的安全保障協定("a Long-Term Durable Security Arrangement")」を結ぶことであると考えていた。そうすることで、米国は日本から「自発的な対米協力」("a voluntary commitment by Japan")を引き出すことができるというのであった。ライシャワーは、「(在日米軍基地の自由使用を可能にする)日米安保条約の効果が発揮されるには、一にも二にも日米安保条約に対する日本国民の圧倒的な支持が得られるかどうか、そして、国民の支持を維持できるかどうかにかかっている」と考えていたからである。

また、「一九六〇年の安保騒動が立証したように、国民の支持は得られて当然とこれまでのように軽く考えてはいけない。(国民の支持は)努力して勝ち取らなければならないものである」とライシャワーは考えていた[18]。在日アメリカ大使館の活動についてライシャワーは、一九六三年七月、米上院の国家安全保障人事・活動小委員会で次のような証言を行った。大使曰く、日本国民の圧倒的な支持を得るために、「恐らく一番大切なのは、情報、文化交流、知的な接触であろう。インテリという言葉はあまり喜ばれないが、一番大切なのは、米国広報文化交流局(USIS)とその活動に加えて、この側面(知識人との接触—筆者)であろう」と述べ、在日アメリカ大使館の文化交流事業の重要性を強調したのであった[19]。

ライシャワーが、日本国民との幅広い「対話」をいかに重視していたかは、ハーバード大学時代からの友人ファーズを、駐日アメリカ大使館文化広報担当公使に起用(一九六二年四月から六七年まで)したことにもよく表れていた。というのは、それまでは政治担当と経済担当の二名の公使が起用されてきたが、しかし、ライシャワーが大使に赴任してからは広報文化担当の公使が新たに加わり、政治、経済、広報・文化担当の公使からなるトロイカ体制が採用されたからである[20]。

ライシャワー米大使の行動計画

ライシャワー米大使の日本における行動計画は、大きく分けて二つの計画からなっていた。一つは、一般に「ライシャワー攻勢」と呼ばれ、米国に批判的な日本の左翼勢力と論争を重ねることにより、左翼の影響力を弱める計画であった[21]。ここでいう左翼勢力とは、マルクス主義の影響を強く受けた進歩的知識人や、全学連（全日本学生自治総連合）、総評（日本労働組合総評議会）、日教組（日本教職員組合）などに多い急進的社会主義者、それに根っからの共産主義者を指していた。

もう一つの行動計画は、親米派の育成プログラムであった。それは、「イコール・パートナーシップ」に基づく新しい日米関係を築くためのプログラムであった。その目的は、リベラル派の知識人、穏健な社会主義者（民社党員）や反共の労働組合指導者（全日本労働組合会議）の中から親米勢力を育て上げ、親米派を通して政策決定に影響力を及ぼすことにあった。その行動計画の目的には、親米派との対話を通して、国民の意識の国際化を図ること、それに、国際社会の責任を担う国際人を育成することも含まれていた。

「イコール・パートナーシップ」の構築

ライシャワーが発信した「イコール・パートナーシップ」のメッセージは、一つは日本国民向けのメッセージと、もう一つは米国民向けのメッセージがあり、そこには彼の特別なメッセージが込められていた。

まず、日本国民向けのメッセージには、これまでの対米依存の生き方を見つめ直し、これからは日本人が責任感の強い国際人に育ってほしいと願う彼の熱い思いが込められていた。というのは、ライシャワーは、日本国民が近視眼的で国際問題に現実的に対応できないこと、さらに、日本政府が「弱者の恐喝」の手法を使って米国から多くの資金や情報・技術を手に入れ、米国に全面的に依存していることを、これまでいやというほど見てきたからであった。

加えて、ライシャワーは、前に述べたように、日本人の意識の国際化を図り、日本国民を国際社会の責任を担う国際人に育て上げる必要があると心底思っていた。そのような意図から彼は、日本国民がこれまでの態度を改め、新しい時代の変化とニーズに適合できる国民になるよう呼びかけたのであった。

他方、ライシャワーの米国民向けのメッセージには、日本人を米国の真の「イコール・パートナー」として対等に扱うよう、これまでの日本人に対する態度を今一度見つめ直すことへの彼の米国人に対する期待が込められていた。その背景には、一つは、日本人に対して父親のように振る舞うパターナリズム(温情主義)の言動や、日本人を見下したような態度が、対日占領期の米国人にしばしば見受けられたことが挙げられる。もう一つは、今や日本の経済が、北アメリカ経済と西ヨーロッパ経済とともに、自由世界の三大コンビナートの一つに位置づけられていることから、日本をこれまでのように軽く扱うわけにはいかないという現実があった。ところで、前者の例として、一九五一年五月、ダグラス・マッカーサー元帥が、米上院の外交委員会と軍事委員会の合同聴聞会において、日本の国民を「一二歳の子供」にたとえた証言がその好例であろう[22]。

これら二つの現実を直視するライシャワーは、日本を米国の対等なパートナーとして全幅の信頼と尊敬の念でもって扱うよう米国民に呼びかけたのであった。その際に、ライシャワーが強調したキー概念が「イコール・パートナーシップ」であった[23]。

繰り返しになるが、ライシャワーが「イコール・パートナーシップ」の言葉に秘めた思いは、日本人がこれまでのような米国への依存の態度を改め、「大国」の名に相応しい義務と責任を果たしてほしいという期待であり、そして国際人としての「自覚と責任」の重要性を日本人に認識して欲しいという願いであった[24]。

さらに、ライシャワーが新時代の日米関係を表すのに、「イコール・パートナーシップ」の言葉を選んだのは、「日本人が軍事的な響きに非常に敏感である」ことを熟知していたので、軍事的な意味合いのある「アライアンス(同盟)」より、「パートナーシップ」の方が日本人に受け入れられやすいと判断したからであった[25]。同時に、「イコール・パートナーシップ」の言葉は、経済成長の真只中にあって、敗戦からようやく立ち直り自信を取り戻してきた日本人の耳に心地よく響いただけでなく、「日米対等」を意味する「パートナーシップ」は、日本国民の自尊心を大いにくすぐる言葉でもあったからである。

一方、「イコール・パートナーシップ」の言葉に秘められた米政府の日本への期待、すなわち「義務と責任」には、現実主義的計算に基づいた別の思惑が秘められていた。というのは、米国では、一九五〇年代末から六〇年代にかけてドルの海外流出ならびに貿易赤字問題が表面化し、それが悪化の一途をたどっていたからである。ケネディ米大統領は、六一年二月二四日に国際収支の赤字を理由にドル防衛措置に関する法案を発表した。加えて、米政府は、国際秩序維持に必要な国際公共財の米国負担を軽減する策として、国力に相応する額を分担させるために、当時目覚ましい経済発展を遂げていた日本に白羽の矢を立てたのであった。まさにこの点が、「イコール・パートナーシップ」の米国の思惑であった。

しかしながら、その時点で日本人に期待された「義務と責任」の具体的な中身をライシャワーがどのように考えていたかは定かでない。六〇年代のその後の日米関係の展開が示すように、「イコール・パートナーシップ」は試練を経験することになる。というのは、日本が自主的に判断し、国際社会において行動することを意味する「義務と責任」の中身と、覇権国米国が日本に「ジュニア・パートナー」として期待する「義務と責任」の中身は、当然のことながら必ずしも同じではなかったからである。

ケネディ大統領(前列左)と池田勇人首相(前列右)

事実、日米の「イコール・パートナーシップ」は、一九七〇年代から二〇一〇年代にかけて厳しい試練に遭遇することになる。それは、田中角栄内閣による一九七二年の日中国交正常化外交と、翌年の日本独自の資源供給を目指した資源外交、それに二〇一〇年の民主党鳩山由紀夫内閣による「普天間基地取り扱い問題」の形で現れることになる。[26]「イコール・パートナーシップ」の「自覚と責任」が何を意味していたのかを理解するには、冒頭でも述べたように、米国の対日政策が「善意からではなく、明確に自覚した自らの利益に基づいたもの」であり、その主たる目的が「日本の行動自由を制御し、日本を米国の管理下に置くこと」であったことを、今一度想起する必要があろう。

ライシャワー米大使が、親米派の育成と国民との対話を通して「イコール・パートナーシップ」に沿った新しい日米関係の構築を考えていたこと、それに、その目的が日本の中立主義への傾斜に歯止めをかけることにあったことはすでに述べたとおりである。彼は、その考えを行動に移すために、経済、文化、科学の三領域において日米の新しい「イコール・パートナーシップ」関係の構築を米政府に献言した。そして、その目的が、新しい時代感覚と世界認識を持ちあわせた指導者や文化人、それに知識人との関係を強化することにある点を強調した。しかし、後にライシャワーは、そもそも三領域の合同委員会を設置する動機が「日本人の神経を逆なでしかねない日米関係の軍事色を薄める」点にあったことを、彼の『自伝』の中で明らかにしたのであった[27]。

第7章　文化外交としての日米文化教育交流会議

一九六〇年は日米両国ともに国の指導者が交代した年であった。米国では一九六〇年の大統領選挙の結果、民主党大統領候補ジョン・F・ケネディが当選し、日本では同年七月に池田勇人が首相の座についた。一方、日本経済は、五〇年代に引き続いて復興し発展していった。それに伴って、六一年に初めて日本を訪れたアメリカ人の数は一〇万人を突破し、日米間の交流が進展していった。[1]

そのような中で、六一年六月二〇日に日米首脳会談がワシントンで行われた。池田首相は訪米の目的について、「私がこうして参りましたのは、経済の発展により、日本がようやく多少なりとも自由主義世界の社会的、経済的発展の促進に貢献できる段階に入ったことを報告するためであります」と説明した。[2]

日米首脳会談では、「イコール・パートナーシップ」が声高らかに謳われ、新しい日米協力体制を築く「キー概念」となった。その二日後には、日米新時代の到来を象徴する日米共同声明（通称、ケネディ＝池田コミュニケ）[3]が発表された。日米両首脳は、「貿易・経済」、「科学」、「文化・教育」に関する三種類の合同会議の設置について合意したことを明らかにした。一つは、貿易及び経済問題に関する閣僚級の日米合同委員会であり、二つは、「文化及び教育交流に関する協力を検討する」日米文化教育交流委員会、それに三つは、「平和目的のための科学上の協力を促進する方法を研究する」日米科学委員会の設置であった。

本章で取り上げる日米文化教育交流会議(The US-Japan Conference on Cultural and Educational Interchange 以下、カルコンと略記)は、前章でも言及したように、ライシャワー米大使の発案によるものである。(4) ライシャワーは、「安保騒動」によって露呈されたアメリカ大使館の諸問題を解決するには、日本国民との幅広い接触が重要かつ必要であると考え、そのための施策として設置に至ったのがカルコン会議であった。そのカルコン会議の検討に入る前に、文化教育交流活動が米国政府の対外政策の一部(文化外交)として位置づけられるに至った歴史的経緯を手短に説明しておきたい。

国家の対外政策は、政府・国家の専権事項であり、また外交および外国政府との折衝は、国家官僚ならびに外交官の交渉技術に委ねられているのが通常である。ところが、建国以来、米国にはリベラリズムの長い伝統があり、国民の間では長きにわたって文化教育交流活動は、本来民間人の私的な領域に属するものであると考えられてきた。

ところで、米政府が外国との文化教育交流事業に直接関わるようになったのは一九三八年のことである。それは、「善隣外交」の一環として、フランクリン・ローズヴェルト(Franklin D. Roosevelt)大統領がラテンアメリカ諸国を対象とした、二五の連邦機関からなる各省間協力委員会(Interdepartmental Committee on Cooperation with the American Republics)と文化協力部(Division of

Cultural Relations)を国務省に設置したことに始まる。[5]

第二次世界大戦以降、交通手段や情報技術の急速な発達による世界の一体化が進むにつれて、米政府は、国益と安全を増進するためには民間人の協力が必要でかつ不可欠であると認識するようになった。その結果、それまで政府と民間の活動範囲を分けていた境界線がますます不透明になっていった。

しかし、政府が民間人の協力を必要とした直接の契機は、民間組織の方が文化交流についての経験知や情報量、それに必要なノウハウが豊富であったという動かしがたい事実だった。というのは、文化外交が正式に外交分野として認められたばかりの新しい領域であったために、国務省には文化外交を体系的に展開するだけの人的資源や知識、それにノウハウがまだ整っていなかったからである。加えて、米政府内において、短期的・即効的な効果を重視する(米国広報文化交流局(USIS)の情報活動担当)官僚と長期的な成果を期待する(国務省の教育文化交流担当)官僚との間で、文化外交のあり方をめぐって意見が必ずしも統一されていなかった。[6]

政府指導者は、冷戦を米国に有利に戦うためには、第三世界の人々の心を捉え、第三世界の国々を自由主義陣営側に引き付けることも必要だと考えるようになった。そのために何よりも強く求められたのが民間人・民間組織の協力であった。第二次世界大戦後に新しい対外政策の時代がやってくるのを敏感に感じ取っていた指導者に第三三代米大統領ハリー・トルーマン(Harry S. Truman)がいた。一九四五年八月にトルーマンは、「米国が、海外で情報活動を外交活動の一環として維持し続けることは今日の対外関係の性格からして必要不可欠となっている」と述べ、[7]米国の対外政策が政治と経済と文化の三部門が一つに統合されたものになるべきだとの考えを明らかにした。そして、米国は、世界中の教育及び情報の分野の責任を避けられないものとして受けいれる用意があると付け加えた[8]。

続いて、一九四五年九月にウィリアム・ベントン（William Benton）国務次官補は、「現代の通信伝達手段の発達により、世界各地の人々は互いに直接接触できるようになった……。国民自らが互いに理解し合えるよう努力する必要がある……私たちは、海外での教育や文化交流を通して、自らを説明する必要がある」と述べ、海外情報プログラムの重要性を強調した。ベントンは、シカゴ大学副学長や『エンサイクロペディア・ブリタニカ』の出版者などを歴任した人物である[9]。

民間組織との協力関係の必要性が最も強く認識されたのが、国務省の文化交流事業部門であった。文化外交の文化交流事業は、次の三部類から構成されていた。

第一の部類のプログラムは、米国民と他国民の相互理解を促進すること、特に米国や米国の文化について海外の人たちに分かりやすく説明することにより、米国への理解を深めることに力点が置かれていた。アーチボールド・マクリーシュ（Archibald MacLeish）広報文化担当国務次官補は、「情報や知識を交換することが相互理解を深めることになる」と信じていたが[10]、彼の信念は、情報が自由に流れることが相互理解、相互信頼、それに、持続的な平和に繋がるという一九世紀の理想主義を表していた。そして、海外の人たちが米国民、米国の文化、それに米国の生活様式を理解さえすれば、自ずと米国に敵対的でなくなり、不信感も抱かなくなるであろうとの楽観的な前提に立っていた。

第二の部類のプログラムは、純粋な意味でのアカデミックな活動であった。たとえば、英語教育、大学でのアメリカ研究の振興、それに講演などがそれに当たるが、これらはすべて教育的な性質を帯びたプログラムであった。

第三の部類のプログラムは、別名、「情報メディア・サービス」とも呼ばれ、特定の対外政策の目的を達成するための文化・広報活動であった。この場合、特定の対外政策としては軍縮や原子力の平和利用などが挙げられよう。「情報メディア・サービス」のプログラムは、一九五三年以降、米国広報文化交流局（United States Information Service, ＵＳＩＳ）によって所轄されることになる。[11]

これらのプログラムが下支えした文化外交の目的は、米国の国益を増進することにあったが、具体的には国際交流、国際情報プログラム、報道及び世論調査などの手段や計画を用いて、外国の国民やＮＧＯに対して米国の情報を供給し、理解してもらい、外国の国民に影響を及ぼすことにあった。[12]

フルブライト計画の成立過程

米指導者の中で、米政府の文化交流事業の発展に最も大きな貢献を果たした政治家としてＪ・ウィリアム・フルブライト（J. William Fulbright）上院議員の名を忘れることはできないであろう。

フルブライト上院議員は、終戦後間もない四五年九月二七日に米上院本会議場において、「私は、海外にある余剰財産の売却によって生まれる外貨債権を、教育・文化・科学の分野における学生交流を通じて国際親善を促進するために、活用することを認める法案を提出します」と発言した。当時、フルブライトはアーカンソー州選出の新人上院議員で四〇歳であった。また彼は、南アフリカ植民政治家セシル・ローズの名で有名なローズ・スカラー(Rhodes Scholar)として英国オックスフォード大学での留学経験、それに三〇歳の半ばでアーカンソー大学学長に就いたという経歴の持ち主であった。

彼は、自らの体験から文化交流が相互理解と世界平和のために果たす役割の重要性と必要性を強く認識していた。というのは、フルブライト上院議員は、「悲惨な戦争を防ぐには、文化交流による国際的な相互理解が何よりも大切であり」、中でも、「教育交流は国際関係を人間化しうる」という揺るぎない信念を抱いていたからである⑬。

それからおよそ一年が過ぎようとしていた四六年八月一日に米議会は、一般法、法律第七二三号法案(国際教育交流計画、通称、フルブライト法。以下、フルブライト法と表記)を通過させた。フルブライト法は、彼が述べたように、大戦中に発生した米国の車両、飛行機、船舶、建設資材などの余剰財産を諸外国に売却し⑭、その外貨処分策として蓄積外貨の一部を海外滞在の米国人研究者や学生の教育・研究活動費に使用するというものであった。同法の画期的な意義は、余剰財産の売却から得られた資金の使途の権限を、文化交流事業を主管する国務長官に与えたという点にあった。

しかし、フルブライト法には大きな難点もあった。それは、同法の恩恵に直接浴することができたのは国外在住の米国人だけで、米国で教育・研究に従事する外国人研究者はその対象外という点であった。

フルブライト法の「ドル資金の手当て」問題を解決したのが、一九四八年の合衆国情報・教育交流法(United States Information and Educational Exchange Act, 通称、スミス＝マント法。以下、スミス＝マント法と表記)であった[15]。

すなわちスミス＝マント法の成立によって、海外から米国にやってくる外国人研究者や留学生にもドル資金の手当てができることになった。そして、同年の秋には、フルブライト法による最初の人物交流が、国務省の管轄下で実施された。その結果、四七人の米国人が中国、ビルマ(現在のミャンマー)、フィリピンの三国に赴き、そして、これら三国から三六人が教育や研究の目的で米国に渡来した[16]。

さらに、上記のフルブライト法に基づく人物交流計画に加え、スミス＝マント法は、米政府の政策についての情報を海外に広める広報活動も可能にした。同法によって、技術ならびにその他のサービスの提供、教育、芸術、科学の分野における情報の交換など、広報活動も連邦政府の所轄に含まれることになった。

このような議会政治の展開の中で、一九五〇年四月にトルーマン政権は、文化外交の一環として「真実のキャンペーン("Campaign of Truth")」を実施するために数百万ドルを計上する意向を発表した。同キャンペーンの目的の一つは、世界各地で繰り広げられている共産主義の宣伝活動やソ連の情報攪乱活動に対抗すること、もう一つは、海外の人々に米国の生活様式ならびに米政府の政策や目的について公平な情報を提供することにある、と説明された[17]。

そして、翌年の五一年に米議会は、国際情報活動に使用目的が指定されていた通常予算額三二七〇万ドルを一挙にその約三・五倍の一億一一一〇万ドルに増額した。その結果、「真実のキャンペーン」は、対ソ宣伝合戦の一環として財政面で大幅な予算の増額によって支えられることになった⑱。

ここで、本題である「カルコン」の話に戻そう。

日米文化教育交流会議(カルコン会議)

一九六一年六月の日米共同声明を受けて、翌年一月二五日に日米間の文化教育交流に関する官民共同のカルコン会議が開かれた。そのカルコン会議は、二年に一度日本と米国で交互に開かれることになっていた。会議が開催される度に、文化教育交流に関する提言や勧告書が日米両政府に提出され、それらの多くが、後に政府の文化教育政策として実施されることになっていた。

第一回目のカルコン会議は、六二年一月二五日から三一日まで日本の外務省で開かれた。カルコン会議の出席者の顔ぶれは下記の通りである⑲。

米国側の代表団は、
1 ヒュー・ボートン(Hugh Borton)(首席)、一九〇三年生まれ。ペンシルベニア州にある小規模ながら米国一流の大学であるハバフォード大学長。哲学博士。コロンビア大学教授、同大学東アジア研究所教授を歴任。
2 エドウィン・O・ライシャワー、一九一〇年生まれ。駐日大使。
3 フィリップ・H・クームズ(Philip H. Coombs)、一九一五年生まれ。国務省文化教育担当国務次官補。アマースト大学卒業後、シカゴ大学大学院で経済学を学ぶ。経歴は教師、政府、教育研究主事、フォード財団教育振興基金事務局長などを歴任。

4　トマス・C・ソレンセン（Thomas C. Sorensen）、一九二六年生まれ。米国広報文化交流局（USIS）政策企画部次長。ネブラスカ州立大学から文学士号を受ける。同大学のジャーナリズム学部でジャーナリズム講師、ラジオ・アナウンサー、記者を歴任。

5　スターリング・M・マクマリン（Sterling M. McMurrin）、一九一四年生まれ。米国教育局長官。ユタ大学卒業後、南カリフォルニア大学から博士号を受ける。ユタ大学哲学教授、同大学副総長を歴任。

6　アーロン・コープランド（Aaron Copland）、一九〇〇年生まれ。作曲家、指揮者。米作曲家同盟の創設者・初代会長。米国芸術協会会員。

7　チャールズ・B・ファーズ、一九〇八年生まれ。ロックフェラー財団人文科学部長。ノースウェスタン大学で博士号を受ける。国務省極東部長を歴任。米政治学会、アジア学会、ジャパン・ソサエティの会員。

8　クラレンス・H・ファウスト（Clarence H. Faust）、一九〇一年生まれ。フォード財団副会長兼教育振興基金理事長。シカゴ大学思想史教授、同大学院学部長、人文学部長を歴任。

9　ダグラス・W・オーバートン（Douglas W. Overton）、一九一六年生まれ。ジョン・D・ロックフェラー三世が会長のニューヨーク・ジャパン・ソサエティ専務理事。横浜駐在副領事、駐日アメリカ大使館二等書記官、米国務省日本政治問題担当副主任などを歴任。立教大学で米国史を担当、同大学名誉教授。

10　アレキサンダー・スポウァ（Alexander Spoehr）、一九一三年生まれ。ハワイ大学東西センター所長。スタンフォード大学卒業、社会人類学を専攻、シカゴ大学から哲学博士号を受ける。エール大学人類学教授などを歴任。

11　ウィラード・ソープ（Willard Thorp）、一八九九年生まれ。メリル経済研究所長、アムハースト大学経済学教授、同大学学長代理、元経済担当米国務次官補などを歴任。「ポイント・フォー計画」の名で知られる低開発諸国援助計画の法案起草者の一人。

12　ロバート・ペン・ウォレン（Robert Penn Warren）、一九〇二年生まれ。米国一流の小説家、詩人。ピューリッツァー賞を受賞。エール大学客員教授、ミネソタ大学教授、カリフォルニア大学教授を歴任。

13　アーサー・M・シュレシンガー二世（Artur M. Schlesinger, Jr.）、一九一七年生まれ。大統領特別補佐官、歴史家、ニューヨーク市立大学名誉教授。

の、計一三名であった。

それに対して、日本側の代表団は、

1　武内龍次、一九〇四年生まれ。外務事務次官。

2　内藤譽三郎、一九一二年生まれ。文部事務次官。

3　鳥養利三郎、一八八七年生まれ。京都大学名誉教授。

4　高橋源次、一八九九年生まれ。明治学院大学長。

5　高橋誠一郎、一八八四年生まれ。日本芸術院長。

6　高木八尺、一八八九年生まれ。東京大学名誉教授。
7　中山伊知郎、一八九八年生まれ。一橋大学教授（人物交流の座長）。
8　植村甲午郎、一八九四年生まれ。経済団体連合会副会長。
9　松下正寿、一九〇一年生まれ。立教大学総長。
10　松本重治、一八九九年生まれ。国際文化会館専務理事。
11　福島慎太郎、一九〇七年生まれ。ジャパン・タイムズ社長。
12　森戸辰男、一八八八年生まれ。（首席）広島大学長。

の、計一二名であった。そして、日本側の代表代理は、針谷正之外務省参事官、天城勲文部省調査局長、それに前田陽一東京大学教授の、三名であった。

米国代表団の内訳は、政府官僚が五名、財界が二名、学界が三名、それに文化界が三名であった。それに対して、日本代表団の内訳は、政府官僚が二名、財界が一名、学界が六名、メディア界が一名、それに文化界が二名であった。参加者の顔ぶれから、カルコンが日米両国を代表する政府官僚、財界、学界、メディア界、それに文化界の指導者から成り立っていたことが見て取れよう。

もう一つの特徴は、日米の参加者の間に年齢的に相当の開きがあったことである。単純計算から、米国代表団の平均年齢が五二歳の若さであったのに対して、日本代表団の平均年齢は六四歳で、還暦を過ぎていた[20]。

第一回カルコン会議

第一回目の会議では、日米文化教育交流が当面する様々な問題についておよそ一週間にわたり議論される予定が組まれていた。

カルコン会議の冒頭、歓迎の挨拶として荒木万寿夫文部大臣から「文化・教育の交流の意義」についての発言があった。大臣曰く、「私は今後の日米教育文化の交流が、好奇心や模倣ではなく、相手国民の精神・文化に対する深い理解と尊敬の心から発して、真にその成果を高めることができるように心から念願します」と。言い換えれば、日米二国間の文化・教育の交流は、お互いの文化・教育の良さを発見することにより、その良さと優秀性を学び取り、それぞれの文化・教育をより豊かなもの、特色のあるものにし、しいては、世界の文化・教育の進展に貢献することに、その意義があるということであった。

会議の議題は、①日米文化・教育の当面する問題、②人物交流、③図書・資料の交換、④芸術の交流、⑤日米相互研究、⑥語学教育、⑦公私団体の活動、⑧委員会の設置まで、多岐に及んでいた。カルコン会議の初日から報道関係者は、一斉に会議について新聞やラジオ・テレビで報道した。そのことは、日米文化教育交流に関する国民の関心度の高さを物語っていた[21]。

全体会議において最初に取り上げられた議題は、五二年から六一年まで過去一〇年間の日米文化交流の実績の総括と評価であった。その理由の一つは、日米関係史においてサンフランシスコ平和条約締結後の一〇年間ほど、日米両国間で緊密な文化交流が行われた時期はなかったからである。もう一つの理由は、交流活動の効果を高める方策として、「過去一〇年間にわたる文化・教育交流がどの程度効果的なものであったかを調べ、将来の交流を促進・援助するために新たにどこに重点を置くべきかを知る」必要があったからである[22]。

そして、中屋健一氏とロバート・S・シュワンテス氏の共同執筆による『日米文化・教育交流の一〇年間　一九五二―一九六一』の報告書が全体会議の資料として提出された[23]。同報告書は、次の三点を取り上げてその重要性を強調していた。第一点目は、一九五一年にジョン・D・ロックフェラー三世が対日平和条約使節団の文化顧問として日本を訪問したことが、日米文化関係の重要な契機となったこと。第二点目は、五一年四月にダレス特使に提出された「ロックフェラー報告書」に沿って、日米文化交流が本格的に展開されるようになったこと。第三点目は、日本の著しい経済復興によって、日米両国が次第に同格の地位に近づきつつあり、それに伴い、日米が提携する際に財政上の責任分担を決める準備の段階に入ったこと、であった。

「日米文化関係の過去・現在・将来」についての講演の中で、米国代表団長ヒュー・ボートンは、日米両国の関係がサンフランシスコ条約以来、平等の方向に進んでいると述べ、カルコン会議を「日米対等のムード」の最も良い例として挙げた。そして、ボートンは、会議出席者がカルコンへの参加を通して相手に抱く思いや接する態度、それに関係者たちの問題意識の点で、バランスのよい状態になったこと、さらには、今や日米両国が、相手国の文化ならびに知的領域についてようやく理解し始めるようになったことなど、これらの重要性を強調した[24]。

オブザーバーとしてカルコン会議に参加していた中屋健一教授も、文化交流における対等の立場と均衡の重要性についてボートン団長と同意見であった。というのは、中屋教授は、「文化関係こそ真に米国に対して対等に発言しうる最大の領域」であるとの認識を抱いていたからである。中屋教授は、東京大学で米国史の教鞭を取る親米派の知識人の一人であった。しかし同教授は、日本が米国に対して対等に発言しうるようになる前に日米両国が取り組むべき共通課題は、両国民のコミュニケーションにとって不可欠な語学力の問題と、日本人のインテリに見られる対米依存の態度の問題であると考えていた。

文化交流における語学力と英語教育の重要性に関する中屋教授の指摘は、実に当を得たものであった。というのは、米国側のカルコン会議参加者も、日本の英語教育法を改善する必要性を痛感していたからである。加えて、駐日アメリカ大使館の外交官たちも、日本人の英語コミュニケーション力の欠如が「日米間の文化関係、および日本と諸外国との文化関係」の進展の最大の障害となっており、その原因は旧態依然とした英語教育法にあると捉えていた㉕。

しかし、中屋教授の指摘は、どちらかと言えば米国理解のための語学力を身に付ける手段やスキルの面に主たる力点が置かれていたことは残念と言わざるを得ない。というのは、「何のために英語教育がなされ、何のために語学力を身に付けるのか」といった議論が少々欠けていたように思われるからである。

話が少しわき道に逸れるが、米政府が世界各地から渡来した移民を一日も早く「良き」アメリカ市民に仕立て上げるのに、英語教育を重視してきたことは周知の事実であろう。それと同様に、戦後の米国人も、日本人に米国を正しく理解させ、日本人を教育する(アメリカ化する)ために、また、日本を国際社会の責任ある一員にするために、ロックフェラー財団やフォード財団それにアジア財団などの民間の財団と米政府が一丸となり、多額の資金とエネルギーを日本人の英語教育に注力したのであった。

英語教育に対する米国人の涙ぐましい努力は、一方で、アメリカ独立宣言に謳われた自由・平等の理念などのアメリカ的信条、合衆国憲法に具現化されたアメリカ民主主義、それに、国際人としてのマナーを、英語を通して日本人に教え込むという彼らの使命感の表れである。同時に、他方で、語学英語を通して米国を知り、理解さえすれば、日本人には損得勘定が働き、友として米国を選び、日本が共産主義陣営へ傾斜するのを防げるのではないかという、米国人の暗黙の前提と期待があった。

さらに、米政府の文化外交を推進する指導者は、共産勢力との闘いにおいて「知」の世界を最大限に活用することを忘れはしなかった。彼らは、文系の社会科学領域においては、政治学、開発経済学、国際政治、地域研究、歴史学、宗教学を、そして、理系の領域においては、食糧危機に役立つ農業経済学、爆発的人口増加や産児制限などの問題に役立つ保建衛生学、核実験の探査に役立つ地震学など、冷戦を闘うための「知」の道具として重視したのであった。

加えて、米国の文化外交の政策立案者には、第一に、親米リベラル派を育成し、彼らに米国人と日本人との橋渡しの役割を期待すること、第二に、近代化論、近代経済学、ケインズ経済学理論や計量経済学を日本の学界に導入し、それによって日本におけるマルクス主義の影響を弱めること、第三に、行動科学や大衆消費主義を日本に導入して、日本人の態度などに影響を及ぼすこと、そして、それにより日本人の行動を予測あるいは管理しやすくするなど、様々な動機が見え隠れしていた。

例として、日本への大量消費主義の導入には、利潤の追求の他に、日本人がアメリカ人と同じ映画を見、同じ音楽やレコードを聞き、同じファーストフードを食べ、大量生産方式で作られた同じ衣服を身に付け、流れ作業で組み立てられた同じプレハブ住宅に住めば、たとえ伝統や文化が異なっていても日本人は、アメリカ人と同じように考え、同じような行動パターンをするようになる、という前提があった。ところで、後に日本社会において現実となる大量消費主義は、精神と物質の両面で日本国民のアメリカ化に拍車をかけることになるが、日本国民は、私生活を優先する米国人の生き方に憧れを抱く一方で、大量消費主義を高度経済成長に支えられたある種の民主的平等主義と捉え、歓迎するのであった。

ところで、中屋教授のもう一つの指摘であるインテリ日本人の対米依存は、アメリカ研究者にとって実に耳の痛い、しかし傾聴に値する所見と思われる。中屋教授は、日本のインテリが自説の正しさの根拠を当該分野の権威、すなわち外国人（米国人）研究者の書物に求める権威主義的な姿勢について批判的に語っているだけでなく、日本人の描く米国像が、研究者の個人的な願望や主観的な思い込み、それに、特定の「アプリオリ」に影響されて、米国社会の実像からそれている場合があることについても言及されているように思われる。

加えて、中屋教授は、本来、文化交流は双方向であるべきであり、「直流」のような一方通行であってはならないと述べ、文化交流の本質を突いた。中屋教授曰く、「過去一〇年間文化交流がいかに盛んであったとはいえ、日米文化交流の実態は語学力の不足もあって双方向というよりも、一方通行が主流であった。しかも、日本のインテリは、依然として米国に追随しがちである」と述べ、研究者としての主体性の重要性も強調した[26]。

日本のインテリに見られる対米依存に関する中屋教授の歯に衣を着せない発言は、日米文化教育交流の核心に触れるものがあった。逆に中屋教授の指摘は、同教授のカルコン会議に対する期待がいかに大きかったかを示すものでもあったと言えよう。

過去一〇年間の日米文化教育交流の実績の総括と評価の他に、第一回目のカルコン会議では、人物交流、図書および資料の交換、芸術の交流、日本および米国の地域研究、語学教育、大学間交流、姉妹都市提携などについて率直な意見の交換がなされた[27]。

中でも、注目されたのは、「文化交流における政府の役割」の問題を取り上げた主題別会議であった。同会議では、基本的に和気あいあいとした雰囲気の下で忌憚のない意見交換が行われたが、意見交換が進むにつれて、文化交流事業において政府主導を重視する者と民間主導を主張する者の間で、文化交流の進め方について見解の違いが徐々に明らかになった。政府主導を重視する米国側の参加者にチャールズ・Ｂ・ファーズやロバート・Ｓ・シュワンテスがいたが、それに対して、松本重治国際文化会館専務理事や、高木八尺東京大学名誉教授、斎藤眞教授らの日本側の参加者は、文化交流については政府レベルで行うべきではないと強く主張した[28]。

ところで、米国では政府主導で、米国広報文化交流局（ＵＳＩＳ）が文化交流事業を行ってきたし、日本では外務省の外郭団体である国際文化振興会が同事業を行ってきた。民間組織としては、米国ではロックフェラー財団、カーネギー財団、フォード財団、アジア財団などがあり、日本では国際文化会館や日米知的交流委員会などがあった。

松本重治氏は、戦前からのジョン・D・ロックフェラー三世との親交を通して、国際文化会館の創設(一九五二年八月に設立)に力を尽くした。松本氏は、「日本の知的風土にある親ソ傾向を改善しなければ日米関係はよくならない。そのために日米の文化交流ができないだろうか」と日米文化交流のあり方について自問していた。同会館を設立してからは、専務理事として長きにわたってその運営にも携わってきた。また、後に、教育文化交流の仕方について、「ひと握りのエリートとの交流は時代遅れという批判もあるだろう。これは私のもつ限界ともいえる」と自己反省することも忘れなかった。松本氏は、日本アメリカ学会の会長も務め、真にリベラルな親米派の知識人であった。しかし、松本氏は日本の左翼知識人を「非現実的で、無責任」と批判していたことからして、氏が親米的反共リベラルであったことに違いなかった(29)。

「文化交流における政府の役割」に関する主題別会議では、最終的に松本、高木両氏の発言が尊重されることになった。同主題別会議は、「政府本来の役割は、これら(文化交流―筆者)の活動を統制することではなく、促進せしめることにあり、これらの活動は個人あるいは民間団体の最大限の創意と自治に委ねるべき」との合意に達した。また、最終コミュニケにおいても、文化交流「活動は、政府に支配されず、自由で自主的であるべきだ」とされた(30)。それは、カルコン会議の参加者全員が、政府と文化交流の関係性においてリベラルな立場を保持することの重要性を強く意識していたことを示していた。同時に、戦前の日本の文化振興活動や「文化帝国主義」への反省と教訓が参加者の間で共有されていたことをも物語っていた。

本会議では、今後の方針として、日米文化教育交流を促進するために、一つは量の増加よりも質の改善をめざすこと、もう一つは将来性のある有能な青壮年に一層の重点を置くことの二点が強調された。次に、日米両国が取り組むべき優先課題として、次の六つのプロジェクトが出席者全員に紹介された。

一つは、コミュニケーションに不可欠な語学教育、すなわち米国人に対する日本語教育ならびに日本人に対する英語教育の改善。二つは、日本研究、アメリカ研究、アジア研究などの学際的地域研究とその教育の推奨。三つは、都市化、大衆教育、大学における一般教育、国民文化に対するマス・メディアのインパクトなど、日米両国が直面する問題の共同研究の推奨。四つは、公的団体と私的団体の活動領域・分担の明瞭化。五つは、教育文化交流を援助・強化するための新しい形の機関の創設。それに、六つは、日本人の学術研究成果を米国に紹介する翻訳、文献要約、出版の増加であった。中でも、言語の問題と言語教育の問題に注意が注がれた。それは、日米間のコミュニケーションの重要性と人物交流の円滑化の点からして当然であったと言えよう。

最後に、第二回目のカルコン会議が二年後に米国で開催される予定であると報告され、一週間にわたるカルコン会議の幕が閉じられた㉛。

上述したように、カルコン会議において、教育文化交流を援助・強化するための新しい形の機関を創設する勧告がなされた。日本では、その勧告に沿う形で翌年の六二年六月に、財団法人アメリカ研究振興会が設立された。アメリカ研究振興会設立の目的は、日本のアメリカ研究を促進することにあった。その点からして同振興会の設立は、カルコン会議がもたらした特筆すべき一つの成果に挙げて良いであろう。

アメリカ研究振興会設立を可能にした背景には、東洋紡株式会社の進藤竹次郎氏から財団設立に必要な基金二〇〇万円の提供と、さらに第一生命保険相互会社から一〇〇万円の提供があった。加えて、米国からの補助金と同額を今後五年間に国内で集めるという条件の下に、米政府からの九〇〇〇万円もの補助金が出た。アメリカ研究振興会の設立は、ドナルド・バートレット(Donald Bartlett)元駐日アメリカ大使館文化参事官、進藤竹次郎氏、それに、宗教学が専門の岸本英夫東京大学教授や、経済地理学が専門の嘉治真三東京大学教授らの尽力に負うところが大きかった(32)。

カルコン会議への第三者の評価

中国史研究者の上原淳道助教授は、教育に対する日米間の考え方の違いを次のように指摘した。上原氏は、米国の教育の特徴が地方分権化あるいは非中央集権化にあるのに対し、日本の場合、戦後教育改革の軌道修正の施策として、教育の中央集権化が望ましいと主張した森戸辰男氏の見解を引き合いに出して、日本の教育の特徴は中央集権化にあると述べた。

その上で、上原氏は親米的知識人の立ち位置に触れ、「親米的な人々、あるいは文化教育の日米交流に積極的な人々ほど、日本の教育について中央集権化を主張するか、あるいは中央集権化を熱心に推進しているように思われる。いわゆる親米的な人たちは、米国の教育制度の学ぶべきところや長所を受け入れる力がないか、あるいはそれらを受け入れようとしない」との印象を述べた後、日本の知識人が「政治的に親米的というのは、文化や教育の面でも同じように親米的なのかどうか、怪しいものだ」と批判した[33]。

さらに、日米文化交流の影響について、「カルコンにおいて日米交流のプラス面だけが強調されており、米軍の駐留、基地の存在が、日本の文化教育に及ぼしているマイナスの面については全く触れられていない[34]」と述べ、上原氏は、カルコンの親米的偏向性を鋭く突いた。ちなみに、在日米軍の六一年時点での数は四万七一八二人で、沖縄では三万八六五八人であった[35]。

折しも日本の学界では六一年の暮れから六二年初頭にかけて、アジア・フォード両財団による東洋文庫の近現代中国研究への資金供与の問題が、中国研究者の間で激しい議論の的になっていた[36]。上原氏は、「（日本の場合のように）お金のない研究機関が外国からお金をもらいますと、お金をもらい続けようとするために、その外国の人々の気に入らないことはなるべく言うまい、すまい、とするような研究者がたくさんできるのです」と述べ、外国からの資金援助と「主体」としての研究者の姿勢の問題、すなわち「権力と知とカネ」の問題に読者の注意を喚起した[37]。

一方、社会学者の北川隆吉教授は、米国に学ぶことの意味、すなわち新しい知識と研究方法を米国の費用持ちで日本に移入することの意味について、「現在、日本の劣悪な研究条件の下で、多くの研究者は自分の仕事を伸ばしたい、研究を進めたいという気持ちから、手を変え、品を変えて偽装した形で巧妙に差し出してくる米国からの援助を、一切拒否することは容易ではない。（その結果として）微妙なクリーク（閥）が文化人や学界の中に出来上がらないとどうして言えようか」と述べて、北川教授も「知とカネの関係」について、象牙の塔で研究に勤しむ知識人に注意を喚起した[38]。

上原、北川両氏の指摘が示唆しているように、「外からのファンド」（外部資金）は、「ソフト・パワー」(間接的権力)の一部である。したがって、外国からの資金援助と研究者の間の危うい関係については、近現代中国研究だけでなくアメリカ研究においても同じことが言えた。たとえば、米国史研究者の富田虎男教授は、一九六六年に『史学雑誌』の「回顧と展望」において、「他の外国史研究者と異なって、米国史研究者が、外からのファンドを受け易い条件にあることを考慮に入れるとき、……研究者の主体性の確立(が)……重要な問題と思われる」と述べたが、富田教授の発言は、「外からのファンド」の受け入れに伴う潜在的な危うさについて、日本のアメリカ研究者に注意を喚起したものであった(39)。

他方、評論家の福田恆存は、もしカルコン会議が、これまでのように親米対反米の二項対立的思考の下で行われるならば、「その効果はほとんど期待しがたいものに終わるでしょう」と述べ、カルコン会議を冷めた目で眺めていた。戦後日本の知識人が米国のする事は何でも正しく、善であると考える英語の堪能な親米派と、米国のすることはすべて帝国主義だと批判する反米派の二グループに分かれて対立し、両者の議論は中々かみ合わず不毛に終わることが多かったことから、恐らく福田氏は、日本の知識人への失望を隠しきれなかったのであろう(40)。

ところで、一九六〇年から六四年にかけて顕著となったもう一つの動向に、日本の知識人の間でマルクス主義の影響が低下したことが挙げられる。紙幅の都合上、ここではそのいくつかの原因を、海外要因と国内要因とに分けて列記するのみに留めておきたい。

海外要因として、まず、一九五六年にスターリン主義に反発して大衆が蜂起したが、ソ連軍によって鎮圧されたハンガリー事件が挙げられる。この出来事が、それまで日本の国民に根強かったソ連に対する恐れを増幅する一方で、権威主義的なマルクス主義に対する失望と中国共産党に対する批判を助長したと考えられる(41)。

二つ目に、米政府の分断政策が功を奏したことである。たとえば、共産主義に反対する労働組合指導者へのテコ入れ策として、日本共産党の影響の強い左派系労働組合である全日本産業別労働組合会議(産別会議)、産別に対抗して結成された総評(日本労働組合総評議会)、それに総評の左旋回を批判して結成され、民主的労働運動の立場を取る同盟(全日本労働総同盟)、これら三組織の間の対立を煽り、互いに反目させ、日本の労働運動の分断を図ったことが挙げられよう。

また、学界において、マルクス経済学派と近代経済学派との対立・競争を煽り、日本の経済学会の分断を図ったことなども挙げられよう。また、一九五〇～五三年の東京大学＝スタンフォード大学共催のアメリカ研究セミナーが、マルクス主義に批判的な親米派知識人を育成する役割を果たしたことも忘れてはならないだろう(42)。

三つ目は、国内要因である。それは、日本の経済復興と経済発展、それを下支えした米国からの種々の支援と協力策であった。米政府は、日本製品に対して広大な米国市場を開放し、また、一九六一年に発足したOECDへの日本の加盟を支援した。これらの施策が日本経済の成長を後押しし、生活実感から国民の間に親米感情を抱かせるとともに、知識人の間に右旋回を促した。いわゆる「高度経済成長」と「大衆消費文化」の言葉に表される国民の生活の向上、豊かさ、それによって国民の「アメリカびいき」の感情が顕著になっていったことが挙げられよう。

第8章　ガリオア・エロア返済金問題と日米関係

フルブライト計画の成立過程については前章で紹介した。本章では、同計画をさらに発展させることになる相互教育文化交流法(以下、フルブライト＝ヘイズ法と表記)とその展開について検討したい。フルブライト＝ヘイズ法は、一九六一年九月二一日に米議会を通過した。(1) 同法の主たる目的は、外国におけるアメリカ研究および米国における現代外国語教育と地域研究を促進することにあった。そして、その特徴は、国際教育文化交流計画を政府公認の活動領域とした点にあった。

ケネディ米大統領、ドル防衛措置の意向を発表	一九六一年二月二四日
ケネディ＝池田首脳会談の開催	一九六一年六月二〇日
フルブライト＝ヘイズ法の成立	一九六一年九月二一日
ガリオア・エロア返済金交渉の妥結	一九六二年一月九日
カルコン会議の開催	一九六二年一月二五日

これらの出来事が示すように、フルブライト＝ヘイズ法は、ケネディ＝池田首脳会談の三カ月後に、それにカルコン会議開催の四カ月前に、まるで計算したかのような実にタイミングの良い時期に成立した。それは、当時の米政府が、教育文化交流に関連する次の二つの問題を抱えていたからである。

一つは、教育文化交流計画の整合性と調整の問題であった。米政府が冷戦の激化と世界各地への拡大に伴い、文化外交をますます重視するようになったことはすでに述べた。ケネディ政権の広報文化政策をフィリップ・H・クームズ国務省教育文化交流担当国務次官補は、「対外政策の第四番目の柱」と呼んだが、そのことは、ケネディ政権が厳しい国際環境においていかに広報文化政策を重視し、文化外交に大きな期待を抱いていたかを物語っていた②。

そのような状況下で、複数の連邦政府機関が教育文化交流計画を企画し、運営するようになった。そのために政府管轄下の教育文化交流計画の数が増えただけでなく多様化していった。政府は、様々な国際教育文化交流計画を整合し、調整する必要に迫られたのであった。

もう一つの問題は資金源であった。米政府は、教育文化交流計画の財源をいかにして安定的に確保するか頭の痛い問題を抱えていた。上述したように、一九四六年のフルブライト法は、大戦中に発生した米国の余剰財産を諸外国に売却し、その蓄積外貨の一部を海外滞在の米国人研究者や学生の教育・研究活動費に充てるという内容の法律であった。しかし、教育文化交流計画の量的拡大に伴って、ブルブライト計画の安定的な財源を海外余剰財産の売却による蓄積外貨のみに頼ることには自ずと限界があった。

その解決策として、米議会はフルブライト＝ヘイズ法を成立させた。それにより教育文化交流計画が、ドルの歳出予算から実施できるようになった。フルブライト＝ヘイズ法が、政府資金による教育文化交流計画の決定版と言われるゆえんはこの点にあった。[3]

その他に、フルブライト＝ヘイズ法は、米政府の「バイナショナリズム（bi-nationalism）」の方針を再確認した。「バイナショナリズム」とは、国際教育交流計画の運営を、米国と米国の協定国との共同で行うことを意味していた。すなわち国際教育交流計画の資金は、米政府からだけでなく、外国政府および私的機関からも拠出されることになった。

カルコン会議において提出された『中屋＝シュワンテス報告書』の中で、日米両国が次第に同格の提携の地位に近づき、（教育文化交流に伴う）財政上の責任を分担するための準備を行う段階に入ったと報告されたことは、上述したとおりである。

フルブライト＝ヘイズ法の「バイナショナリズム」の原則は、相互依存や互恵主義、それに、「イコール・パートナーシップ」の精神に掉さすものであっただけでなく、ケネディ大統領の最大の関心事であるドル防衛政策の一環としての施策であったとも言えなくはなかった。というのは、ケネディ大統領はすでに一九六一年二月二四日に、国際収支の赤字を理由にドル防衛措置に関する法案を発表しており、また、上述したように、国際教育交流計画の資金が、「バイナショナリズム」の原則によって、米政府からだけでなく、外国政府および私的機関からも拠出されることになったからである。

ガリオア・エロア返済金問題

財政上の責任分担に関連した問題に、一九五三年以来日米両政府の懸案であったガリオア・エロア返済金があった。ガリオアとは、占領地域における施政および救済(Government Appropriation for Relief in Occupied Areas, GARIOA)の略称である。

ガリオア資金は、米政府が、日本、ドイツ、オーストリアなどの占領地の疾病や飢餓による社会不安を防止し、占領行政を円滑に行うために一九四七年から五一年まで陸軍省の予算から拠出された。そして、(小麦、小麦粉、トウモロコシ、大麦、脱脂ミルクなどの)食糧、衣料、医薬品などの生活必要物資が、緊急輸入の形で供給された[4]。ある研究によれば、一九五二年までの米国の対日援助額(沖縄を含む)は、二四億ドルで、そのうちの大部分がガリオア援助であったという。ガリオア援助の総額は、一九四六—五一米会計年度には約一八億六三〇〇万ドルに達したという[5]。

一方、エロアは、占領地域経済復興(Economic Rehabilitation in Occupied Area, EROA)の略称である。エロア資金は、第二次大戦後の日本や韓国、それに琉球の経済復興を図るために、一九四九年から五一年まで米政府の軍事予算から拠出された。そして、それは、綿花、羊毛などの繊維原料の購入、石炭や鉄鉱石、それに工業機械など生産物資の購入に充当されたが、米政府は、中でも過剰農産物であった綿花の輸出に熱心であった。

サンフランシスコ平和条約が締結されるや、米政府は日本政府に再三再四ガリオア・エロア資金の返済を求めてきた。というのは、米政府はガリオア・エロア援助金を、将来の返済を前提とする支援と捉えていたからであった。しかし、度重なる米政府の要求にもかかわらず、日米間の返済金交渉は容易に捗らなかった。米政府の思いとは異なり、日本国内ではガリオア・エロア援助金を「贈与」と捉える意見が少なくなかったからである。

しかし、吉田茂首相がガリオア・エロア援助金を債務と認めたことから、同返済金問題は、一九五三年の池田＝ロバートソン会談以降、交渉のテーブルに載ることになった。

米国側は、返済総額として日本側の予想よりもはるかに多い約二〇億ドルを請求してきた。そして、一九六〇年七月に池田内閣がスタートしてから、小坂善太郎外相とライシャワー米大使が日米交渉を担当した。小坂外相とライシャワー米大使の交渉努力の結果、六二年一月九日に合意が成立し、長年の懸案であったガリオア・エロア返済金問題が、奇しくもカルコン開催の直前に解決することになった。

大使に着任してからまだ日の浅かったライシャワー米大使は、小坂外相との交渉について、「相変わらず猛烈に忙しかった。池田のワシントン訪問スケジュール（六一年六月一九〜三〇日―筆者）の件で外相と何度も会議をしたが、話のほとんどは、今すぐに片づけたいガリオアの債務の件だった」と、書き記した。⑥

日米政府間で成立した合意の一つ目は、「使われた三ドルに対して一ドル返済する」という西ドイツの例と似た方式を日本にも適用し、返済総額を四億九〇〇〇万ドル（援助総額の約三割）としたことである。

合意の二つ目は、その返済総額を一五年賦（一九七七年まで）で返済すること。そして、三つ目は、返済総額四億九〇〇〇万ドルのうち二五〇〇万ドル（円建て）が日米教育文化交流事業の資金に充てられるという合意であった。具体的には、返済総額四億九〇〇〇万ドルのうちの二五〇〇万ドルが、フルブライト＝ヘイズ法の国際教育交流計画の費用に充当されることを意味していた。この構想案は、義和団事件賠償金返還の一部を中国人留学生のための教育基金に充当した一九〇八年の先例に倣ったものであった。ところでこの合意は、カルコンと同様に、ライシャワー米大使の発案と努力の賜物であったことは、私たちの記憶に留めておいてよいだろう(7)。

しかしながら、フルブライト＝ヘイズ法の国際教育交流計画は、必ずしもライシャワー米大使の望み通りには進まなかった。その理由の一つに、ガリオア・エロア返済処理協定が、日本の国民にあまり人気がなかったことが挙げられる。特に国会において野党から、「支援金を被占領国に提供するのは占領国の義務である」とか、「支援金を債務として日本が返済せねばならない法的根拠はない」といった批判の声が高かったからである。

そこで、日本国民がガリオア・エロア返済処理協定を日本国民が少しでも受け入れやすいものにするために、日米両政府は次の二点について交換公文を交わした。一つは、支払金の一部である円貨払の二五〇〇万ドルを、日米の教育文化交流の目的のために充当することとし、それを「教育・文化のために」使用する点を強調することで、国民の返済処理協定に対する抵抗感を和らげたかったこと。そして、もう一つは、返済処理協定に基づいて返済される資金の大部分を「低開発諸国」への経済援助のために充当するという旨の交換公文を取り交わしたのであった。しかし、両交換公

文には、「議会によって歳出が認められるという条件の下に」という付帯条件が付いていた。(8)

「日米基金財団」設立構想の険しい道

米政府は、返済処理協定が調印された翌年の一九六三年に「日米基金財団」設立法案を米議会に上程した。同法案は、ガリオア基金の円滑な運用を図るための財団を新たに設立するためのものであった。日米両政府とも、円貨払の二五〇〇万ドルを基金にして、「日米基金財団」が設立されるものと期待していた。一九六五米会計年度に円貨払の二五〇〇万ドルが日本政府から支払われ、日本の銀行に預金された。

米国務省は、法案の提出理由として、二年に一度行われる下院議員選挙の結果や政治情勢の影響に左右されることなく、常に安定的な財源を担保するには、議会から独立した形で財団を設立することが重要であると強調した。なぜならば、教育文化交流は、途切れることなく毎年行われることが重要であり、そのためには安定した財源の確保が不可欠であったからである。

財団設立のもう一つの理由は、米国の日本における反共・文化政策にあった。その目的は、共産主義者でない左翼勢力(たとえば、民社党員や同盟組合員など―筆者)に接近して影響を及ぼし、彼らを親米派の人たちに近づけることにあった。というのは、アメリカ大使館員が民社党員や同盟組合員と手を組み協力していることは、米政府が自民党の保守派のみに全面的に肩入れしているという印象を弱めることに繫がるからであった。実際にガリオア返済総額四億九〇〇〇万ドルの一部である二五〇〇万ドル(円建て)は、そのために充てられることになっていた。(9)

ところが、同法案の評判は、必ずしも米議会議員の間では芳しくはなかった。特に、ジョン・L・ルーニー（John L. Rooney）議員の率いる下院小委員会において同法案は強い反対に遭った。

その反対理由の一つ目は、同法案が米議会の伝統的な慣例からの逸脱を意味していたという点にあった。というのは、米議会は、連邦政府のいかなるプログラムも年度ごとに歳出予算の認可を必要とするという建国以来の慣例を守ってきたからであった⑩。

二つ目の理由は、ガリオア返済総額が四億九〇〇〇万ドルで合意されたことは、多くの議員には、米国側の返済請求額二〇億ドルから約一五億ドルが立ち消えになってしまったことを意味し、同議員にはそれがすんなりと納得できなかったからである。当時の米議会は、年々増大するヴェトナム戦費と貿易赤字によるドル不足の悩ましい問題を抱えていたからである。米議会は、六五米会計年度の日米文化交流予算としてはせいぜい一五〇万ドルしか計上できない有様だった。ところで、六四年に連邦政府の文化外交のために計上された予算額は約二億ドルで、それは、米国防費の一パーセントにも満たない額であった⑪。

しかし、それが米議会の伝統的な慣例とはいえ、国際教育文化交流計画に対して、年度ごとに歳出予算の認可を義務づけることは、フルブライト＝ヘイズ法の精神であるバイナショナリズムの原則から大きく後退することを意味していた。米国が年度ごとに歳出予算の認可を得なければならないということは、国際教育文化交流計画が米国によって管理運営されることを意味しており、同時にそれは、文化外交を最小限のコストで最大の成果を得ようとする米議会議員のアメリカニズムを表していたと言えよう。それは、国際教育文化交流の促進によって、まさに「対外関係の人間化」

をめざすフルブライト上院議員の国際主義に対するある意味での挑戦を意味していた。以上の理由から、日米基金財団の設立案は、議会の強い反対に遭い、見送らざるを得なかった。

それ以来、国際教育文化交流計画に必要な資金は、毎年議会の歳出予算に頼らなければならなくなった。そして、日米基金財団設立案は、翌年の六四年五月時点において、「もはや救いようのない、お手上げ（"a dead duck"）」状態にあった。しかしながら、米政府は、何もせずにこのまま同財団設立案が没になるのを見過ごすわけにはいかないと考えていた[12]。

一九六五年九月に米政府は、第一次佐藤改造内閣の福田赳夫大蔵大臣から催促の書簡を受け取った。その内容は、ガリオア・エロア返済処理協定を厳格に遵守すること、それに、米政府に日米基金財団設立の再検討を促すものであった。一方、米政府は、財団設立法案を議会に再提出するには「ハードルが高い」と判断し、その旨の書簡を日本政府に送付した。それは、一九六六年からは日本を対象とする国務省の教育文化交流プログラムの経費をガリオア基金の元金二五〇〇万ドルから拠出する以外によい方法はないという内容であった。そして、一九六六会計年度には約六〇万ドルが拠出された。

上述したように、一九六二年のガリオア・エロア返済処理協定では、返済金の二五〇〇万ドルは円貨払で、しかも日本国内（傍点は筆者）で使用されることになっていた。にもかかわらず、その後もガリオア基金の元金から多くの円貨が教育文化交流以外のために使われるようになった。たとえば、在日合衆国教育委員会（通称フルブライト委員会）の維持費、国外からの訪問客用の接待費、在日アメリカンスクールへの支援金（年およそ一〇万ドル）がそれにあたる。中でも人物交流の教育面に重きを置いていた国務省の神経を逆なでしたのは、一九七〇年の大阪万国博覧会のアメリカ展示館設置のために五〇〇万ドルがガリオア基金から拠出されたことであった。というのは、アメリカ展示館(アメリカン・パビリオン)の設置は、米国広報文化交流局(USIS)の専管事項であったからである。その間にガリオア基金残額は、(ドルに対する円切り上げ前の段階で)一五〇〇万ドルを下回ってしまった。[13] これら米政府の一連の対応は、日本政府の目から見てガリオア・エロア返済処理協定違反であるだけでなく、米政府が、第二次世界大戦後の「勝者—敗者関係」のメンタリティから依然として抜き切れていない実に「身勝手な行動」と批判されても仕方がなかった。

さらに、米政府は、ガリオア返済処理協定では返済期限が一九七七年であったにもかかわらず、一九六七年頃から日本政府にガリオア返済金残額を前倒しにして返済するよう迫るようになった。米政府の行動の背景に、ヴェトナム戦争による軍事関連支出の増加と国際収支の悪化という事情があったことは言うまでもない。たとえば、在日米軍のために米国が年間支出する額が三億ドルだったのに対して、日本の防衛力強化のために日本が米国から購入する武器・装備調達額は五〇〇〇万から六〇〇〇万ドルであった事実からも、米国の国際収支状況がいかに厳しかったかが想像できよう。[14]

それに対して時を移さず外務省は、ガリオア・エロア返済処理協定の遵守と、支出に関する詳細な会計報告書の提出を、米政府に求めた。ところが日本政府の思いとは裏腹に、米政府の方はできればガリオア返済金の円貨全額をドルに兌換し、それを米国に送金したいと考えていた。実際に、国際収支の悪化を理由に、リンドン・B・ジョンソン(Lyndon B. Johnson)米大統領は、そのような指示を出していた⑮。

日米間の外交交渉においてガリオア資金返済問題は、ヴェトナム戦争問題や沖縄返還問題と比べればその優先順位は必ずしも高くはなかった。しかし、一九六〇年代にガリオア資金返済問題が日米両政府の「神経を逆なでし」、両政府を「苛立たせる(an irritant)」外交問題であり続けたことに違いはなかった⑯。日本政府は、最後まで自己主張することを避けて通した。ガリオア資金返済問題の顚末として、ここでは日本政府が、ガリオア返済協定で定められた返済期限よりも五年も早く一九七二年に返済金の総額を返済し終えたことを記すに留めておきたい。

第9章　復興の象徴としての一九六四年

経済復興と経済の発展が進むに伴い、日本では一九六〇年代半ばから質の異なる二つの「時代のうねり」が見られた。一つは、日米友好ムードの高まりの中で、日米間で教育文化交流が盛んに行われるようになったことであり、もう一つは、日本のナショナリズムの高揚と同時に、ヴェトナム反戦運動、反基地運動、沖縄返還要求など、日米友好ムードとは程遠い反米とも言える国民運動の高まりが全国各地で見られたことである。

転機としての一九六四～六五年

一九六四年は、戦災からの復興を実感できるようになったことに加え、日本が国際社会の一員としての地位を確立した記念すべき年であった。その主な出来事を列挙すれば、経済の領域では、国際金融基金（ＩＭＦ）八条国へ移行した（四月）こと、ＯＥＣＤへ加盟した（四月）ことをはじめ、貿易および資本の自由化（七月）、それに、戦後最高の黒字（八月）を達成したことなどであった。また、社会活動の領域においても、東京オリンピック・パラリンピックの開催(一〇月と一一月)、東海道新幹線(五一五キロの東京―新大阪間)の開業(一〇月)などがあった。

そのような明るい雰囲気の中で、六四年一〇月一六日には隣国の中国において核実験が成功したというニュースが日本に飛び込み、折しも開催中の東京オリンピック大会に冷水を浴びせることになった。加えて、ソ連のフルシチョフ党第一書記・首相の失脚の報道は、さらに大きな衝撃を国民に与えることになった。

一方、目を日本経済に転じると、翌年の六五年は、戦後初めて日米貿易収支において日本側が黒字に転じた年であった。政府は、六五年一一月二五日に外国為替管理の緩和政策を発表した。そして、外国観光においてそれまでの外貨持ち出し額が「年間一人五〇〇ドル」であったのが、「一人一回五〇〇ドル」に緩和された。また、日本は、六六年に設立予定のアジア開発銀行に米国と同額の二億ドルを拠出することが決定された[1]。

復興の兆候は、経済や社会活動の領域のみならず、文化の領域においてもはっきりと現れた。衛星通信システムの導入により、オリンピック・パラリンピック競技をはじめ、日米両国の出来事や世界の出来事をリアルタイムで放送できるようになった。また、政府の外国為替管理の緩和政策により、海外旅行はもちろんのこと、米国での国際会議に私費で参加できるようになった。同様に、米国から日本を訪れる人も増え続けた。加えて、六四年にオリンピック・パラリンピックを開催して以降、東京が国際会議や国際セミナーの主な会場になることも多くなった。その証左として、六五年の夏に東京で開催された国際大学協会(International Association of Universities, ＩＡＵ)に、およそ六〇の大学の学長を含む一〇〇名を超える米国の著名な学者が参加した⑵。

また、日米間の学術交流や共同研究が、知識人や文化人、それに科学者の間で盛んに行われるようになった。たとえば、アメリカ研究についていえば、戦後初めて東京大学＝スタンフォード大学共催のセミナーが一九五〇年から五三年まで、そして京都においても同様のセミナーが翌年の一九五一年から八七年までそれぞれ開催された。これら二つのセミナーが引き金となって、戦後日本においてアメリカ研究が盛んになっていった⑶。

アメリカ研究が、米国で注目を集めていた学際的アプローチの地域研究だったこともあり、多くのセミナーの参加者が新鮮でかつ大きな刺激を受けた。とりわけ大学院生や若い研究者の中には、セミナーに参加した後も引き続きアメリカ研究に取り組む決意を固めた者も少なくなかった。彼らの中には、在日合衆国教育委員会やアメリカ研究振興会から支援や励ましを受け、六〇年代の初めに米国留学の機会に恵まれた人も多くいた。

そして、米国留学経験者を中心に、(第二次)アメリカ学会が六六年一月に設立された⑷。アメリカ学会は、学会の機関誌『アメリカ研究』第一号で「戦後のアメリカ」を特集として取り上げた。同機関誌発刊の辞の中で松本重治氏は、「学会の研究課題が現代アメリカの研究であらねばならぬ」と述べた。

アメリカ研究者の大下尚一氏によると、戦後日本のアメリカ史研究には大きく分けて二つ傾向が見られるという。一つは「民主主義発達史」であり、もう一つは「非民主化と海外支配の歴史」である⑸。日本のアメリカ史研究において、「非民主化と海外支配の歴史」の研究が論壇に登場するようになったのは、六〇年代半ば以降においてである。

六〇年代の米国において、ヴェトナム反戦運動、黒人公民権運動、それに女性解放運動など、様々な形の「異議申し立て」運動が盛んになったことは周知の事実である。「異議申し立て」の活動家たちは、米国の体制や外交政策への批判を全国的に展開した。彼らの中には、中西部のウィスコンシン大学などを拠点とするニューレフト史学の歴史家たちがいた[6]。マリリン・ヤング、マーク・セルダン、ジョン・ダワー、ハーバート・ビックスなど、五〇〇人の若手アジア研究者たちは、それまで属していたアジア研究協会（Association for Asian Studies, ＡＡＳ）と袂を分かち、ヴェトナム反戦を掲げて六八年に「憂慮するアジア研究者委員会（Committee on Concerned Asian Scholars, ＣＣＡＳ）」を結成した[7]。ヴェトナム戦争ならびに「激動するアメリカ」は、六八年のパリ五月革命とともに、日本の知識人や研究者に大きな衝撃を与え、アメリカ研究にもその影響が及んだ。そのアメリカ研究者の一人に清水知久氏がいた。そこで清水氏の略歴を簡単に紹介したい。

清水氏は、一九六〇年夏に東京大学＝スタンフォード委員会から支援を受け、ウィスコンシン大学マディソン校へ留学する機会を得た。清水氏にとって、この留学から得た最大の収穫は、氏がアメリカ史研究者として最も尊敬するウィリアム・アプルマン・ウィリアムズとの出会いであったという。清水氏は、演習での指導はもちろんのこと、ウィリアムズの主著書『アメリカ外交の悲劇（*The Tragedy of American Diplomacy*）』、それに『アメリカ史の輪郭（*The Contours of American History*）』から多くの示唆と強い影響を受けたという。それは、歴史研究のみならず、歴史研究のあり方について、清水氏の言葉を借りれば、「現代における歴史研究とは何か、現代において歴史研究者とは何をする人間のことかという問題」について、ウィリアムズはこれらの著書を通して解答を与えてくれているという。帰国後、清水氏は『中屋＝シュワンテス報告』を中屋教授が作成する際の手助けをしたこともあり、六二年一月に開催されたカルコン会議に出席している[8]。

その後、日本の西洋史学界における清水氏の最大の貢献は、六八年に『アメリカ帝国』を上梓したことであろう。『アメリカ帝国』は、戦後日本のアメリカ史研究のもう一つの柱である米国の「非民主化と海外支配」の面に力点を置き、「アメリカ帝国」の視点から既成のアメリカ像に挑戦した問題作であった。そのため同書は、アメリカ研究者のみならず西洋史研究者の間で激しい論争を呼び起こした[9]。

他方、日本経済が高度成長期を迎え、国民のアメリカ文化への親近感が強まる一方、衛星放送などを通して米国における反戦運動や対抗文化（カウンター・カルチャー）がほぼ同時に日本に伝播されるようになると、日本の若者たちはその影響を受け、共感する者も多かった。このように日本では六〇年代半ばから、米国への親近感と批判の二つの面が国民の言動に認められるようになった。

その他の領域においては、六〇年夏に社会科学研究協議（Social Science Research Council, ＳＳＲＣ）と米国諸学会評議員会（American Council of Learned Societies, ＡＣＬＳ）共催の下で開催された「箱根会議」を皮切りに、六五年四月にスタートした日米協力医学プログラム、それに、訪日中のハンフリー米副大統領が宇宙開発領域での日米協力に言及した発言（六五年一二月）などがある[10]。

日米文化交流の隆盛は、日米「パートナーシップ」の構築に尽力した駐日アメリカ大使館の努力に負うところが大であり、また、ライシャワー米大使が日本の知識人らとの対話に努めたことも、

ライシャワー大使(左)とジョンソン大統領

日米文化交流の隆盛に大きく貢献したと思われる。

加えて、日米文化交流の一連の努力として、マルクス主義の影響に対抗し、その影響を中和するために展開された「ライシャワー攻勢」や、近代化論や近代経済学などが日本の学界に積極的に紹介されたことなども、日米文化交流の発展に寄与したことも忘れてはならないであろう。なお、マルクス主義の衰退の原因については、第7章において簡単に触れた。

高まるナショナリズム感情と国民の抗議運動

一方、六〇年代半ばのもう一つの時代のうねりに、日本と沖縄におけるナショナリズムの台頭、それに加え、ヴェトナム反戦運動をはじめとする全国的な国民運動の広がりがあった。確かに、在日米軍基地問題の早期解決を求める運動は、六〇年代の初頭から基地の周辺地域を中心にスタートしていた。ここで言う米軍基地問題とは、一つは米空軍(板付)基地の縮小に伴う日本領空の安全保障の問題、二つは米軍基地で働く日本人労働者の解雇問題、三つは横田基地、三沢基地での核兵器搭載可能なＦ－１０５戦闘機の騒音問題などであった[11]。

ところで、大平正芳外務大臣は、六三年四月一四日にライシャワー米大使らを前にして、「沖縄問題の基本は、米政府がどこまで日本側を信頼できるかにあり、必要なのは日本がパートナーとしての役割を果たし、米国が真に日本を信頼できるようにすることだ」と述べたことがあった。これを聞いたライシャワー米大使は、大平外相の沖縄問題に対する認識に大いに心を打たれた様子であった⑫。

それから約一年余りが経過した一九六四〜六五年に、日本本土および沖縄において国民の新たな政治行動が表面化しつつあった。筆者が一九六四〜六五年を転機と捉えるのは、六〇年代半ば頃からそれまで見られなかった国民の行動が起こり、日本が新しい段階に入っていった、と考えるからである。

沖縄返還交渉へのいばらの道

ライシャワー米大使は、表面化しつつあった新しい政治情勢を、将来の日米関係に重大な危機をもたらしかねない状況として深刻に受け止めていた。

その要因に、ヴェトナムにおける戦争の激化と拡大があった。六四年八月に北ヴェトナム・トンキン湾事件が発生した。そして、翌年の六五年一月からはヴェトナム戦争が激しくなり、拡大していった。続いて、同年二月には米軍による北ヴェトナム爆撃が開始された。そして、六五年七月二九日には沖縄から飛び立ったB52爆撃機三〇機が、サイゴン南東へ渡洋爆撃した。これら一連の出来事が引き金となって、六〇年代半ばから日本本土と沖縄の両方でナショナリズム感情が国民の間に急速に高まった。

それに加え、六五年四月に初めて行われた「ベトナムに平和を!市民連合(ベ平連)」による平和市民運動、それに加え沖縄祖国復帰・沖縄返還運動や、その他様々な国民運動が全国各地で幅広く展開していった⑬。

これらは、本土や沖縄においてそれまでには見られなかった新しい国民の行動であった。このような中で、佐藤首相は六五年八月一九日に首相として戦後初めて沖縄を訪問し、「沖縄の祖国復帰が実現しない限り日本の戦後は終わらない」との有名な発言を行った。そして、それからおよそ一〇日後の八月三〇日に佐藤首相は、ジョンソン米大統領に沖縄問題の協議に入りたい旨の書簡を送った⑭。

ライシャワー米大使は、一九七〇年六月には日米安保条約の改定が控えており、今(一九六〇年代半ば—筆者)の政治情勢では七〇年の日米安保条約の改定が取り返しのつかないことになってしまうのではないか、と案じていた⑮。反米主義や反戦感情が、国民運動の広がりの直接的な原因ではないにしても、大使は、国民がヴェトナム戦争反対の掛け声の下に一つに団結してしまうことを最も懸念していた。そうなれば、自民党保守政権下の日本が、東南アジア地域で米国に協力することは極めて難しくなるのではないか、とライシャワーは恐れていたからである。

大使は、もし米政府が何らかの手を打つことなく、このような状態を放置したならば、日本と沖縄の保守派勢力が反米主義の左翼勢力と手を結び、その結果、「沖縄問題」が沸点に達することが容易に想像されると述べ、「沖縄問題」に十分な注意を払う必要性を力説した。ライシャワー米大使は、米国にとって最も根本的な権益が沖縄の基地権であること、それに、「沖縄米軍基地の自由使用」であることを十分に認識してはいたが、しかしながら、米国の「沖縄問題」への対応次第で、将来の日米関係が深刻な危機に陥り、「取り返しのつかない状態になる」ことを大いに案じていた。

言い換えれば、日米関係が崩壊すれば、米国は在日米軍基地も沖縄米軍基地も両方失ってしまい、米国が東アジアおよび東南アジアを防衛することができなくなること、そして、両地域における共産勢力との力のバランスを大きく変えることになる、と考えていたのである⑯。

要するに、ライシャワー提言の主たる眼目は、一つは、ヴェトナム戦争の激化と拡大によって日本および沖縄で高揚したナショナリズム感情と反基地運動を、日本と沖縄とに分断すること。もう一つは、米国の核心的な(the most essential)権益である、恒久的な沖縄基地権と在日米軍基地を含む基地の自由使用を、日本の保守政権に認めさせること、その見返りとして、米国は、沖縄において日本の国旗の掲揚を容認することなど、日本側に「政治的なシンボルはすべて(all of the politically important symbols)」譲歩すること、すなわち「米国の理論上での権利(our theoretical rights)」である沖縄施政権の返還という「カード」を、日本政府に差し出すことにあったと言えよう。

ライシャワーが構想するように、もし沖縄問題を円満に解決できれば、米国は、日本独自の外交路線を目指す日本の中道・左派勢力を牽制することができる上に⑰、日本が、ソ連・共産中国と米国の二大勢力間で互いに競争させ、それによって漁夫の利を得ようとする危険な道を歩むのを阻止すること、さらには、日本が単独で核兵器を開発する道を歩むのを阻止することも期待できるというのであった。

国務省東アジア副部長代理ロバート・A・フィアリー(Robert A. Fearey)は、ライシャワー提言に賛同しながら、「日本の同盟国でありパートナーである国(米国―筆者)が、ほぼ一〇〇万人の住民(沖縄―筆者)の意思に反して、沖縄を行政統治しているのは正常の状態とは言えないね」と述べると、ライシャワー米大使は、フィアリーに「これだけ長い期間米国に有利な立場を維持し続けられているのは、実に運がよいという他はない」と答えた[18]。

一方、軍部・国防総省には、ヴェトナム情勢が引き金となって日本や沖縄でナショナリズムが高まったからと言って、沖縄のいかなる権利も縮小したり、譲歩したりする考えは全くなかった。というのは、軍部・国防総省は、東アジア地域ならびに日本の安全は、太平洋地域の米軍のプレゼンスによって保たれており、米軍はそのために沖縄および日本本土に駐留しているのだと信じて疑わなかったからである。

また、軍部・国防総省は、米国が琉球諸島を排他的に支配し続ける権利は、米国の日本防衛に対する約束(コミットメント)上、日本が当然払うべき政治的代価と考えていた。さらに、軍部・国防総省は、沖縄の米軍基地さえあれば、東アジア地域の安全は守ることができ、東アジア地域の安全保障に対する米国の約束は十分に果たせる、とも考えていた。それに対して、ライシャワー米大使は、日本の協力がなくても東アジア地域の安全は保障しうるという軍部・国防総省の主張に同意することは決してなかった[19]。

このような軍部・国防総省の視点からすれば、米軍の沖縄基地権と基地の自由使用権が、一歩も譲れない米国の権益、すなわち日米両政府間の交渉の範囲外(nonnegotiable)の権益と認識されていたことが理解されよう。

言い換えれば、米軍部・国防総省はもちろんのこと、リベラル派と自任するライシャワー大使でさえ、沖縄および日本本土からの米軍の撤退は全く視野になかったことは明らかである。

私たちは、現実主義の立場を取る一部の国際政治学者が、「自主防衛のために再軍備をすることにより、米軍に日本や沖縄から帰ってもらう」と主張するのを時おり耳にすることがあるが、しかし、上記の米指導者の発言内容からして、米国にはそのような気は全くなかったといえよう。日本の国際政治学者の発言は、自身の一方的な願望か、あるいはナイーブで主観的な米国観に基づくものでしかなかったと言わざるを得ない。

ライシャワー米大使は、「沖縄問題」の解決を早急に図るために、世界戦略的および地政学的な米国の長期的利益の視点に立って、二つの方向から問題に当たることにした。

一つは、軍部・国防総省と国務省との意見の違いを説得でもって調整を図り、米政府内の合意を形成しようとしたことである。そのために、まずライシャワー米大使は、長期的な日米協力関係を構築する視点から「沖縄問題」を検討するようラスク国務長官やマクナマラ国防長官ら米政府首脳に促した。その効果もあって、六五年夏から「沖縄問題」が、日米関係の将来を左右する極めて重要な問題として、米政府内でクローズアップされることになった[20]。

もう一つは、六五年の夏から六六年一月にかけてライシャワー米大使は、ヴェトナム情勢と米国の目的についての日本人の「誤解」を正すために、歯に衣着せることなく強い調子で対話する(a more direct line of talk)方式を採用したことである。

日本に大使として着任して以来、ライシャワーが米国の東南アジア政策(ヴェトナム戦争)の目的を日本国民に理解してもらい、支持を取り付けるために、知識人や主要なオピニオン・リーダーとの「低姿勢(low posture)」の対話に注力してきたことはすでに述べた。

しかし、ヴェトナム情勢が悪化するにつれ、六五年の夏からライシャワー米大使は、戦術を強い調子で語りかけるアプローチに変更した。たとえば、六五年一〇月五日、大阪においてライシャワー米大使は、毎日新聞社の大森実外信部長や朝日新聞社の秦正流外信部長の両記者を名指しで、「ヴェトナム問題に関して、日本の新聞は均衡の取れた報道をしているとは思えない」と厳しい内容の発言を行った。このライシャワー発言は、ヴェトナム反戦運動の高まりと、ライシャワー大使の知名度も手伝って、日本国内に大きな反響を呼んだ[21]。メディア界や左翼系の知識人は、すぐさまライシャワー米大使に反論し、米国の東南アジア政策を巡る議論が新聞・メディア界において一層活発になった。

その後、国務省および在日アメリカ大使館は、米政府の代表たる大使がマスコミからの批判の矢面に立つのは得策ではないとの判断から、ライシャワー大使の代わりに米国の立場を代弁する日本人スポークスマンを起用する戦術を採用することにした[22]。しかし、ライシャワー発言の影響は、高まるナショナリズム感情も手伝って、日本の新聞・メディア界にとどまらず、他の領域にも広がっていった。

ライシャワー米大使は、六四年三月二四日に襲撃者に右腿を刺されるという不幸な刺傷事件にあった。この事件に加え、翌年の六五年一〇月五日には日本のメディア界との摩擦もあり、ライシャワーは六六年七月二五日に駐日大使の職を離任することになった。そして、同年一一月八日に、ライシャワーの後任としてU・アレクシス・ジョンソン(U. Alexis Johnson)国務副次官が、駐日大使に着任した[23]。

第10章　沖縄返還と日米関係の展開

前章においては、ライシャワー前大使が米国のパートナーとして日本の協力を維持することがいかに重要であるかを力説していたことは述べた。ジョンソン駐日アメリカ大使は、大使に着任した後すぐにライシャワー前大使から引き継いだ「沖縄問題」に取り組んだ。ジョンソン大使とフェルディナンド・T・アンガー(Ferdinand T. Unger)高等弁務官(一九六六〜六九年)は、ライシャワー構想に沿う形で「沖縄問題」に取り組む方針であった。

しかし、米太平洋陸軍司令官など、米軍部・国防省内には、沖縄問題に関しては一歩も譲らないと固持する勢力が依然として多かった(1)。

一方、日本では、一九六七年五月から六月にかけて沖縄返還を要求する世論の圧力が日増しに強くなっていた。世論の圧力を受けて佐藤政権は、沖縄復帰を条件とした米軍基地の必要条件を満たす具体的な方法の検討に入った。というのは、六七年九月中旬に日米閣僚会議出席のために三木武夫外務大臣の訪米が、それに引き続いて一一月には佐藤栄作総理の訪米が、それぞれ予定されており、それに向けての準備が必要になったからである。そして、外務省は、米国に沖縄返還を迫る日本側の意思を伝達するために、六七年七月一四日にいわゆる「琉球に関する覚書」を駐日アメリカ大使館に送付した。(2)

これでもって「日米間の唯一重要でかつ最大の懸案("the only important and serious issue")」と呼ばれていた沖縄返還交渉が、一歩前に動きだしたかのように思われた。しかしながら、沖縄返還の交渉は、避けられない事情から「一時休止」を余儀なくされることとなった。というのは、当時米国は、ヴェトナム戦争の真只中にあり、また、翌年の一九六八年には四年に一度の大統領選挙と連邦議会議員選挙を控えていたからである。一方、沖縄においても同年一一月に琉球政府主席選挙を控えていた。これらの事情から、ジョンソン政権は、沖縄返還の本格的な交渉を選挙後に先送りする決定をしていた。というのは、沖縄返還問題が日米間の「重要でかつ最大の懸案」であったとはいえ、大統領選挙の結果が判明する前に、大統領が新たな約束(コミットメント)を外国政府にすることは、合衆国憲法上の制約からもできなかったからである。(3)

ジョンソン大使(左)とリンドン・B・ジョンソン大統領

このような「選挙」事情に加え、米政府が沖縄返還交渉の「一時休止」を選んだもう一つの理由は、沖縄返還の決定をできる限り先に引き伸ばして時間を稼ぎ、返還交渉を自国に有利に展開したいという思惑が働いたと考えられる。そのことは、六七年一一月に佐藤栄作首相が訪米した際に、日米共同声明において小笠原諸島の返還時期を一年以内と明示したが、肝心の沖縄の返還時期は明示しなかったことからも明らかであった。また、選挙の年の六八年にU・アレクシス・ジョンソン米大使と三木外相が「共同かつ継続的な検討」のために沖縄問題について会談をしたのは、六八年五月の会談一回だけであった事実もそのことを裏付けている④。

佐藤首相(左)とジョンソン大統領(右)

沖縄返還の決定の年——一九六九年

ついに沖縄返還の基本方針を「決定」するときが一九六九年にやってきた。その一つの要因は、六八年の米大統領選挙でリチャード・ニクソンが第三七代大統領に当選したこと、もう一つの要因は、沖縄返還に関する佐藤首相の意向と意思が強く働いたことであった。というのは佐藤首相は、沖縄返還の大枠合意を七〇年までに成立させ、自民党総裁の任期が切れる七二年までに沖縄返還の実現を強く望んでいたからであった。

ニクソン新大統領は六九年一月に政権をスタートさせるや、ヘンリー・キッシンジャーを国家安全保障問題担当大統領補佐官に任命した。ニクソン新政権は、早速キッシンジャーを核にジョンソン前政権から引き継いだいくつかの難問題に取り組んだ。中でも次の四つは、最も難しい課題であった。一つは、ヴェトナム戦争終結のための和平交渉、二つは、中国の台頭による新たな東アジア問題、三つは、ヴェトナム戦費による国際収支悪化と対日貿易赤字の問題[5]、そして四つは、沖縄返還問題であった。

六九年五月にニクソン大統領は、沖縄返還に関する新政権の意思と意図を「米国家安全保障決定覚書第一三号「対日政策」」の中で明確にした。ニクソン政権の意図を箇条書きに要約すれば、次のようになるであろう。

一つは、一九六九年に米軍基地の運用に不可欠となる事柄に対する合意や、詳細にわたる交渉が完結すれば、我われ(米国―筆者)は七二年の返還に合意する用意があること。

二つは、特に韓国、台湾、そしてヴェトナムに関して、平時における最大限の米軍基地の自由使用を要望すること。

三つは、我われは、沖縄において核兵器配備の継続を要望するものであるが、緊急時の核兵器の貯蔵と通過の権利を確保した上で、もし他の沖縄に関する合意も満足しうるものであれば、交渉の最終局面において大統領は核の撤去に応じる用意があること。[6]

四つは、沖縄に関するその他の約束(コミットメント)を日本から引き出すこと、以上の四点であった。[7]

これらの点から明らかなことは、米政府は、在日米軍が(日本本土と沖縄に)半永久的に駐留する権利を、米国の世界戦略上の死活的権益として位置づけるとともに、沖縄の施政権の返還後も、引き続き日米安保条約に基づいて、在日・在沖縄米軍基地の自由使用を死守する、ということであった。

この沖縄返還に関するニクソン新政権の方針は、二カ月後の六九年七月二五日にグアム島において大統領によって表明される「ニクソン・ドクトリン」の一環と位置づけられるものであった。「ニクソン・ドクトリン」は、一般に理解されているように、米国がアジアから撤退する、あるいは撤退しやすくするために発出されたものではない。「ニクソン・ドクトリン」の目的の一つは、条約により米軍が駐留している国々(「ホスト・カントリー」と呼ばれている)とバードン・シェアリング(負担の分担)をすること、二つは、負担を分担することにより米国のコストを削減し、国際収支の改善をめざすこと、そして三つは、米国が半永久的にアジアに関与し続けること[8]、の三点にあった。したがって、通説とは逆に、「ニクソン・ドクトリン」は米国が形を変えてアジアに留まり関与していくための外交上の原則であった。

上述したように、このような視点から沖縄返還とは、米国が日米安保条約に基づきこれからも半永久的に東アジア問題に関与していくための遠大なる外交戦略であったと言えよう。この点については、七一年六月一七日に調印された沖縄返還協定ならびに沖縄返還を巡る「密約」を一瞥すれば明らかである[9]。

その約半年後の六九年一一月に、ニクソン大統領は佐藤首相と首都ワシントンで日米首脳会談を行った。日米両首脳は、一九日、二〇日、二一日の三日間にわたる会談において、「一九七二年・核抜き・本土並み」の沖縄返還に関する原則に合意した。その主たる合意点は、一つは、七二年に沖縄の施政権の返還、二つは、日米安保条約の堅持、三つは、沖縄からの核兵器の撤去についてであった。日米両首脳は、合意点を会談最終日の一一月二一日に共同声明の中で発表した。[10]
その内容と意義は、次のように要約しうるであろう。
一つは、従来からの沖縄米軍基地の自由使用の権利が日本政府によって再確認されたこと。[11]
二つは、「本土並み」の沖縄返還とは、沖縄米軍基地の従来からの「自由使用」の権利が日本本土にも同じように適用されることになったこと。[12]
三つは、「基地の自由使用」の適用範囲が米国に委ねられることになったこと。
四つは、米国は沖縄から核兵器の撤去を約束したこと。
五つは、朝鮮半島、台湾、東南アジアで非常事態が発生した際には、沖縄および日本本土への核兵器の再搬入ならびに核兵器の貯蔵について、日本は米国に「ノー」と言わないことを約束したこと。[13]

核兵器の沖縄からの撤去の約束が日米合意の表の部分とすれば、第五番目の米国に「ノー」と言わない約束は、日米合意の裏の部分にあたると言えよう。ニクソン大統領が佐藤首相にカリフォルニア州サン・クレメンテの自宅の写真を見せようと案内した大統領のプライベート・ルーム（別室）において、[14]日本の総理が秘密裏に与えた約束により、一九六〇年の日米新安保条約で合意された事前協議制度は、それ以後、ほんの形だけの（only *pro forma*）協議制度へと形骸化する運命を辿ることになる。[15]

一九七〇年代の挑戦

一九七〇年代は、世界システムの構造的変動により世界が多極化する時期と重なっていた。すなわち当時の国際社会は、第二次世界大戦終結後、米ソ超大国が支配する二極構造の世界から、米国、ソ連、ヨーロッパ共同体（European Community, EC）、中華人民共和国（以後、中国と略記）、日本の五極からなる多極世界へ様変わりしつつあった。少なくとも経済領域においてそう言えた。というのは、英国をはじめ西ヨーロッパ諸国の相対的後退と、それと交互してアジア諸国が経済的に台頭してきたこと、特に六四年に核実験に成功し核保有国となった中国や、世界で第三番目の経済大国に成長した日本、それに、シンガポールや韓国、台湾、香港などの新興工業経済地域（Newly Industrializing Economies, NIEs）の台頭にその兆候が表れていたからである。

世界が多極化するということは、各国が外交を重視しつつ自国の国益を最優先にパワー・バランスをはかりながら、世界の安定と秩序を維持していく、従来よりも難しい時代に入ったことを意味していた。それは、資本主義諸国間の利害対立の先鋭化、それにソ連と中国との間のイデオロギー対立や国境紛争に見られるように、共産主義国諸国がもはや一枚岩でなくなったことにも表れていた[16]。

日米関係に目を移すと、米国はヴェトナム戦争の戦費拡大により国際収支の悪化と進行する悪性インフレーションに苦しんでいた。それに対して日本は、「ヴェトナム特需」をはじめ、国民総生産（GNP）比率一パーセントを超えない安上がりの防衛費、それに、米国によって戦後構築された自由で開かれた資本主義世界システムの下で様々な恩恵を受け、世界で第三番目の経済大国に成長した。

日米間の明と暗のコントラストは、七一年七月一五日のニクソンの訪中宣言と、同年八月一五日の金ドル交換の停止と変動相場制への移行の発表による二度の「ニクソン・ショック」、それに繊維問題をはじめとする日米貿易摩擦によってさらに増幅されることになった。当時、日米両国が、貿易と金融の二つの領域での経済摩擦問題、中国の国連代表権問題、沖縄返還問題などの難問題を抱え、苦悩していたことは国民の誰の目にも明らかとなった。それを受け、日米両国民の間には将来への不安感と日米双方に対する不信感、それに危機感が高まった。中でも、繊維製品の対米輸出自主規制問題と対中国政策においてそう言えた[17]。

しかし、日米間にこのような重苦しい雰囲気が漂っていたにもかかわらず、米指導者は、次の三点においては米国と日本の国益がほぼ一致しており、両国は互いに協力関係を維持すべきであると考えていた。一つは、自由で安定した東南アジア地域の発展をめざすこと、二つは、共産勢力の支配から台湾および韓国を守ること、三つは、自由なアジア諸国の協力を引き出すことであった。

しかしながら、米指導者は、安保条約下において日本本土の防衛は基本的に日本国自身の責任であると考えていた。というのは、「在日米軍基地は、戦略上、韓国や台湾、それに東南アジアを防衛するために存在する」と捉えていたからである。そして、米指導者は、「恐らく大部分の日本国民は、このような（米国の）立場に賛同しないかもしれない。それは、国民の多くが在日米軍の存在を、日本が引き起こしていない紛争に国民を巻き込む脅威と見ているからだ」と説明した。そのような理由から、米指導者は、沖縄返還後も日米安保条約を堅持し、日本から自主的な対米協力を引き出すには、日米両国民の間の相互理解を深める努力が必要不可欠であると考えていた[18]。

上述の在日米軍基地の存在理由についての米指導者の認識に見られるように、米指導者と日本国民との間に認識上のずれが見受けられる。というのは、大多数の日本国民は、在日米軍基地を、日本を守ってくれる「ありがたい存在」というよりも、逆に米軍基地が存在するために、日本は攻撃の矢面に立たされ（「避雷針」理論と呼ばれる）、戦争へと無理やり引きずり込まれると、米軍基地の存在を必ずしも肯定的に受け止めていなかったからである。

加えて、ニクソン訪中宣言を日本への事前通告なしで行ったこと、それに続く米中接近の動きによって、米国が、同盟関係にある日本を出し抜いて、あるいは日本を置き去りにして、新たな中国政策を展開する身勝手で米国中心主義の国であるという印象を多くの日本国民に与えたことは確かであった。そして国民は、少なくとも現在米国との間にはコミュニケーションと信頼関係が欠如していると強く感じたのであった。米国に対するマイナスの印象が手伝って、国民の多くが、在日米軍基地は日本が自主的に日中国交を回復する障害になっているのではないかと疑問を抱くようになった⑲。

近年、「日米同盟が基軸」という発言を耳にすることが多い。確かに戦後国民は、日米の関係を所与の条件と捉え、日米が「運命共同体」として手を組むことを当然視する傾向が強い。サンフランシスコ平和条約締結七〇周年を節目に私たち国民は、日米安保体制下のいわゆる「平和」の中で、どのような日本でありたいのか、日本はそもそも何のために米国と手を組んでいるのか、などについて今一度原点に立ち戻り、考え直してみることも意義のあることではないかと思っている。

その意味において、斎藤眞教授の含蓄ある発言を再度引用することをお許しいただきたい。教授曰く、「心理的に（あくまでも心の問題です）一度日米安保を切り、改めて日米安保を結び直すくらいの態度でないと、流れに任せてしまうことになりましょう[20]」と。

一九六九年一一月の日米合意、それに沖縄返還協定調印に至る交渉過程ならびに「密約」について、わが国の学界では原資料に基づいた詳細な研究がすでにいくつか公表されている。したがって、六九年一一月以降の交渉過程の検証は、紙幅の都合上、それらの研究書に譲ることにしたい[21]。

沖縄返還協定

およそ一年半にわたるワシントンと東京での激しいやり取りの末、日米両政府は七一年六月一七日に、宇宙中継テレビを通して沖縄返還協定に調印した（発効は七二年五月）。その後、一一月二日に米上院外交委員会は、沖縄返還協定案を満場一致で可決し、そして米上院本会議は、同月一〇日に同協定案を賛成八四、反対六で批准、承認した。続いて、沖縄返還協定案は日本に送られ、国会での審議の末、一二月三〇日に本会議で可決された。

『日米関係資料集』によれば、沖縄施政権の返還により日本が米国に支払う額は、返還後五年間にわたり米ドルで三億二〇〇〇万ドルとなっている[22]。そして、内訳は、七一年六月のアメリカ側文書によれば、民生用資産の買取り費が一億七五〇〇万ドル、労務費（人件費）が七五〇〇万ドル、沖縄から特殊兵器（核兵器）の移転費が五〇〇〇万ドル、ＶＯＡの移転費が一六〇〇万ドル、請求権（軍用地原状回復費）が四〇〇〇万ドルであった[23]。

この他に、協定に明記された三億二〇〇〇万ドルの総額とは別に、非公表の支払い・提供分があった。中島琢磨氏によれば、日本政府は、「別途に六五〇〇万ドルを米軍施設の改善費用として物品と役務で提供し、……非公表分は一億九〇〇〇万ドル」となる、と述べている。したがって、日本政府が米国に支払う額は、公表分と非公表分を合計すると五億一〇〇〇万ドルとなる[24]。

日米両政府が、日本の支払総額を沖縄返還協定第七条に三億二〇〇〇万ドルと明記したのは、両政府が非公表分を機密扱いとすることに合意したからであろう。この非公表分が、大蔵省の柏木雄介財務官と財務省のアンソニー・J・ジューリック（Anthony J. Jurich）特別補佐官との間で取り交わされた、いわゆる財政問題に関する「秘密合意（密約）」の部分であったことは明らかである[25]。

日米両国において沖縄返還協定案が批准・可決されたことを受けて、七二年一月六日と七日にニクソン大統領と佐藤首相はカリフォルニア州サン・クレメンテの西部ホワイトハウスにおいて首脳会談を行った。そして、両首脳は、中国を含むアジア情勢ならびに日米間の最終交渉課題となっていた沖縄返還の日について協議した。

会談後、七日の共同声明の中で両首脳は、沖縄返還の日を七二年五月一五日に決定したことを発表した[26]。

大統領と首相は、その他の分野についての意見交換と両国の基本的考え方を再確認した後、最後に、日米間の文化交流を増大するための措置をとることと、日本が設立を考慮している文化交流計画に対してニクソン大統領が歓迎の意を表した[27]。

最後に、沖縄返還によって日米関係および沖縄は何が変わり、何が変わらなかったのかの問いに答え、本章の結びとしたい。

佐藤首相とニクソン大統領

筆者は、「沖縄米軍基地の自由使用」の枠組みは従来と変わることはなかったが、沖縄返還交渉の結果変わったのは、緊急事態が発生した際に米国の判断次第で、在日ならびに沖縄米軍基地が自由に使用されるようになったと考えている。加えて、日米両首脳による共同声明の中で、日本の安全と韓国・台湾・東南アジア地域などの防衛義務の関係が明記されたことにも表れているように、同共同声明は、在日・沖縄米軍基地の自由使用の適用範囲が、今後日米安保体制の下で世界の隅々にまで拡大していくことを予示していた。筆者は、七〇年代以降の日米同盟関係が、六九年一一月のニクソン＝佐藤共同声明と七二年一月のサン・クレメンテにおける共同声明が引き金となって、質・量ともに一層強化されることになった点に注目しており、そこに沖縄返還協定の歴史的な重要性が認められると考えている。

おわりに

沖縄返還協定とは何だったか

まず、沖縄返還協定が、協定締結以降の日米関係ならびに日本に及ぼした影響について要約したい。

一つは、沖縄米軍基地の自由使用の主張ならびに沖縄返還協定の締結は、米国の長年の願望であり続けてきたが、その米国の主張が、沖縄返還交渉を通して日本政府によって容認されたこと。

二つは、沖縄返還協定の中で謳われている「本土並み」の返還とは、従来から米国が固守してきた沖縄米軍基地の自由使用権が、日本本土にも同じように適用されることを意味したこと(1)。

三つは、佐藤・ニクソン日米両首脳は、一九六九年一一月二一日の共同声明において、「沖縄施政権の返還は、日本を含む極東の諸国の防衛のために米国が負っている国際義務の効果的遂行の妨げとなるようなものではない」と宣明した(2)。日本が米国に沖縄および日本本土の基地自由使用権を容認したことは、基地の自由使用の適用範囲を決定する権利が、米国に事実上委ねられたことを意味する。それとともに、協定締結以降、世界戦略を展開する米国の判断と決定次第で世界各地において、沖縄および日本本土の基地から米軍の軍事展開が可能となったことを意味していた。

四つは、米国は、沖縄返還後、核兵器を沖縄から撤去すると約束した。それが沖縄返還協定の表の部分であるとすれば、裏の部分は、朝鮮半島、台湾、東南アジアでの非常事態の際には、沖縄および日本本土への核兵器の搬入および貯蔵することに対して日本が米軍に最大級の柔軟な対応(accord American military maximum flexibility)をすることを保証(confidential assurance)――すなわち日本は米国に「否(No)」と言わない約束(密約)――をしたことであった。(3) その約束は、一九六〇年の日米安保条約で合意された事前協議制度の形骸化に繋がる重大な決定であったことを意味していた。

要するに、沖縄返還協定の締結は、「米軍基地の自由使用」のそれまでの枠組みは変えなかった。同協定によって変わったのは、緊急事態の場所とその性格によっては米国の判断次第で、米国は在日および沖縄米軍基地をより自由にかつ柔軟に使用することが可能になったことであった。それだけでなく、日米共同声明は、日米安保体制と韓国・台湾・東南アジア地域などの防衛義務の関係を明示化することにより、米軍基地の自由使用の適用範囲も徐々に拡大することになる新しい枠組みへと変容していくことを意味していた。

ところで、米国の小説家で戯曲家でもあるジョーゼフ・ヘラー(Joseph Heller)は、小説『キャッチ＝22』(一九六一年)を発表し一躍有名になったが、その後彼は一九七四年に、彼の第二作である『なにかが起こった Something Happened』を世に出した。その「なにか」とは、米国の原爆実験成功の出来事であった。

この歴史的な原爆実験成功の出来事によって、昨日まで第二次世界大戦を共に戦ってきた連合国の軍事的均衡が著しく崩れ、世界は核の時代へと入っていった。それは、国際政治の場での交渉において、従来の外交に加えて「核の抑止力」に重きが置かれる時代、すなわち「核の抑止力」に大きく依存する時代へと移っていったことを意味していた。加えて、米国の原爆実験の成功は、「パクス・アメリカーナ(力によるアメリカの平和)」時代の到来を告げるものであった。ジェームズ・F・バーンズ(James F. Byrnes)米国務長官は、米国が原爆を独占することにより、「ヨーロッパにおいてソ連は「扱いやすくなる(more manageable)」」と述べた。[4] バーンズ長官のこの発言は、同じこと、すなわち東アジアにおいても「日本は扱いやすくなる」ことを意味していた。

核の時代に入ったことは、日米関係の文脈において日本が自主の「カード」を失う、あるいは自主の「カード」を切れないことを意味していた。自主の「カード」が切れない理由について、一つは日本の国民感情、二つは日本周辺のアジア諸国、三つは米国の観点から検討してみたい。

自主の「カード」が切れない三つの理由

まずは、国民感情に注目しよう。

日本国民の間には、核兵器開発および核保有に対する心理的ならびに道義的抑制が依然として強い。上述したように、原子爆弾が人類史上初めて人間を攻撃対象にして広島と長崎で二度投下された。それにより国民は、原爆の恐ろしさを身をもって体験した唯一の被爆国民となり、現在も依然として核アレルギーならびに反核感情は極めて強い。たとえ国の安全、国民の安全を守るという大義名分があっても、核兵器の開発と核の保有に対する国民の同意と支持を得ることは極めて難しい現状がある。

次に、日本周辺のアジア諸国の観点を検討する。

日本の軍事的侵略を経験したアジアの諸国民は、日本の軍国主義の記憶が今も脳裏に焼き付いている。そして、依然として日本に対する不信感、反日感情、日本の台頭に対する警戒心と恐怖心は根強い。たとえ日本が自国の安全を守るためとか、日本の盾とするためにのみ核武装すると公言しても、アジアの人たちは日本への警戒心を緩めるとは考えにくい。しかも、日本国民の多くは、現在もなおアジア諸国への罪の意識を抱いている。

最後に、米国からの観点を述べておきたい。

米国は、日本人は感情に流されやすく、状況次第でころころと立ち位置を変える一筋縄ではいかない国民と捉えており、未だにそのような日本国民への不信感を払拭できているとは言えない⑤。米国は、軍国主義が台頭した一九三〇年代の教訓から、日本を国際社会から孤立させてはならないこと、さらには、日本に核兵器の開発を許したり核兵器を保有したりする道を選ばせてはならないこと、すなわち日本が自主独立の路線を取らないよう、常に日本政府の行動をチェックする必要があると考えている。

そこで、米国は、その対策として次のような策を練った。それは、日本国民の関心とエネルギー発散の対象が軍事の領域でなく、宇宙空間の探査、原子力商船の開発、核エネルギーの平和利用の領域に向かうよう国民を誘導かつ説得することであった。そうすることで米国は、日本国民の自尊心が満されるだけでなく、日本が再び米国の脅威になるのを防ぐことにもなると考えたのである。

というのは、日本が独自に核兵器を開発し保有する道を決断した時、米政府はそれが日米協調関係の事実上の破綻を意味すると考えているからである。加えて、米政府は、東アジア地域の地政学的観点からも、日本が中国ないしロシアと手を組むことを絶対に阻止しなければならないと考えている。

日米安保条約再考

以上の点から、日本が、「核の抑止力」を含め、米国に依存し続ける関係を維持することが米国にとって最も重要であること、すなわちそれを戦後の対日政策の基本として最も重視してきたのである。いうまでもなく、その働きをしているのが「瓶のふた」とも呼ばれる日米安保条約である。

筆者は、「はじめに」において、日本政府が戦後から今日に至るまで一貫してとってきた対米姿勢、すなわち対米追随、あるいは対米隷従と呼ばれる対米一辺倒の姿勢は、果たして政府あるいは国民が、それとも双方が主体的に選んだ選択肢なのか、それとも米国の圧力の下でそれを選ばざるを得なかった選択肢なのかの問いについても考えてみたいと述べた。

自主の「カード」が容易に切れない状況の中でも、これまで日本政府は日本が国際社会の「エリート・クラブ」の一員でありたいと強く願う一方、他方では、国際社会において孤立するのを避けてきた。戦後歴代の首相をはじめ日本政府の指導者は、総選挙の度にいわゆる生活の問題(「パン」と「バター」の問題)に大きな関心を抱く有権者を前にして、また、「寄らば大樹の陰」を大切な処世訓と捉える多くの国民を前にして、「日米同盟は日本外交の基軸」とか、日本の選択肢は、米国を信頼し、「米国の核の傘に依存する」しかないとか、まるでそれが「所与の条件」であるかのように力説してきた。

政府指導者およびその周辺のエリートたちは、日米関係において日本が「名実ともに主権国であること」、すなわち「完全な主体」に随伴する権利と義務を行使する国であることに対してアンビバレント(相対立する二つの感情を同時に抱く精神状態)な感情を抱いてきた。日米間の軍事力の違いはさておき、日本は一方で米国と「対等でありたい」という気持ち(建て前)と、他方で「対等でありたくない」という気持ち(本音)、すなわち親の下でいつまでも甘えるように、大国という大樹の陰で「依存していたい」という気持ちの間を揺れ動いてきたように思われる。

「依存していたい」気持ちの背景には、「対等であること」は、「自由で自立的であること」、建て前では聞こえはよいが、しかし、実際に対等であるためには、国民は常に物理的ならびに精神的な緊張状態に置かれるだけでなく、知的な訓練も要求されて、精神的ストレスが増すことが大いに考えられる。一方、依存関係の場合は、安全保障上の様々なリスクも理論的には回避できる上に、高くつく防衛費のコストも比較的低く抑えられるという打算が働くため、その結果、大国である米国に守ってもらいたい気持ちが強く働くことが容易に考えられよう。そのような観点から、日本は軍事・安全保障の面で米国に依存しているように思われる。すなわち日本国民は、むしろ経済活動に専念し、それを通して世界に貢献する方が肉体的にも精神的にも気が楽であるという判断が暗黙的になされているように思われる。言い換えれば、「本音」と「建て前」の使い分け、すなわち日本の伝統的思考枠組みによって、政府指導者はじめ大部分の国民は、精神的にストレスの比較的少ない、気楽に「依存していたい」方を選択していると考えられるのである。

さらに、政府およびその周辺のエリートたちは、軍事・安全保障の面で「米国を怒らせば日本の国益を害することになる」との前提の下に、米政府および米国民を怒らせないために、米国人が今何を考えているか、今何を最も望んでいるかについての情報を収集することに最大の時間とエネルギーを注いでいるように思われる。そして、「日本が米国に守ってもらっている」という負い目から、「いかにすれば日本の安全を守ってもらえるか」、「米国を怒らせない」方法、「米国とうまく付き合う」方法、いわゆる「日米同盟をいかに維持し、管理するか」といった日米同盟の運用方法が彼らの間では大きな関心事になっているように思われる。

そのような思考枠組みにおいては、米国の友人として日本から米国に「日米同盟の再考を促す」とか、「モノ申す」といった日本の主体性や、日米同盟を維持すること以外の戦略的発想を期待することは極めて難しいであろう。そして、日米関係に見られるこの現実が、日本を米国に過度に依存させ、健全な日本の対米関係の発展に大きな足枷になっているように思われる。

同盟関係について語る際に、日本の指導者の間では軍事・安全保障の面がしばしば強調されがちである。もちろん同盟関係において、軍事・安全保障が最も重要であるに違いないが、同時に、同盟関係を支える経済、文化、思想、人的交流、相互理解と信頼関係も欠かせない要素であることも忘れてはならないであろう。

冒頭で、人的・文化的交流の重要性を力説した米外交史家ウィリアム・アプルマン・ウィリアムズの発言、すなわち「私たち米国民は、私たちの犯した過去の過ちや現在の行動を改めることができますよ、と私たちに忠告してくれる海外の友人を必要としています」(一九八六年)を紹介した。さらに筆者は、「困った時の友が真の友」の諺があるように、日米同盟が日本外交の基軸というのであれば、難しい時代にある日米同盟関係の風通しを少しでも良くし、日米同盟を「人間化する(humanize)」、あるいは血の通った」関係にするために、日米両国民のコミュニケーションを一層活発にする必要があることを痛感している。

そのためには政府機関や大手メディアだけでなく、私たち国民一人ひとり、とりわけ Attentive Public(日米関係を含む国際問題に大きな関心を抱いている市民)で、若い時にアメリカ留学を経験したことのある人や、アメリカ人との交流のある人、そして知識人ならびに文化人は、アメリカ各地に住む市民に向けて自分の意見を発信し、日本国民の生の声を伝える必要があると考えている。

アメリカ人との間にこれまで築いた人的ネットワークをもう一度掘り起こし、活用して米国民に発信する方法は様々である。たとえば、自身の手による英文原稿を米国の出版社から刊行する、あるいは英語で自分の意見をまとめた論説や論文を米国の雑誌に発表することも考えられよう。もし英文で発信することが難しいようであれば、多少出費を要するが、専門的翻訳家に英訳を依頼し、英訳したものを米国民に発信することも一つの方法であろう。とりわけ最も大切なことは、日本政府や外務官僚、それに一部のメディアから発信される以外の情報、すなわち日本国民の生の声を英語にした上で、隣国・米国の友として、日本のサイレント・マジョリティの意見、「声なき声」を米国民に正しく理解してもらうことであろう。

確かに、これまで日本政府(外務省、防衛省、経済産業省など)や民間組織(大企業、主要メディア、教育機関など）は、前者は在ワシントン日本大使館を通して、後者はワシントンにあるシンクタンク──戦略国際問題研究所（Center for Strategic and International Studies）やハドソン研究所（Hudson Institute）──それに、米国の著名大学の知日派を通して、主に米政府内で影響力のある要人をターゲットに定め、ロビー活動を積極的に展開してきた。

しかし、彼らのロビー活動を通して伝えられる情報は、日米関係の現状維持を望む日本の保守層に有利なものが大半で、国民の生の声からはかけ離れている場合が多い。また、ロビー活動の対象もごく一部の特定の政府要人に限られており、その活動範囲もワシントンを囲むベルトライン内に限られている。したがって、彼らのロビー活動は一定の方向に偏りがちで、その効果には自ずと限界があるように思われる。

「日米関係の人間化」のために

そこで、日米関係の人間化（humanization）を促進するための筆者の提案内容は次の通りである。

一つ目は、米国民とのコミュニケーションの対象を、首都ワシントン行政府の高級官僚や政治家に限定するのではなく、連邦議会議員の選挙区が点在する全米各地の有権者まで広げることが重要であると考えている。そうすることで初めてコミュニケーションの輪が多くのアメリカ市民、大学教員、大学生などにも広がっていくことが期待できよう。

二つ目は、そのためには、すでに説明したように、日米関係を含む国際問題に関心を抱いている日本国民、とりわけ知識人や文化人は、自分の意見を英語で分かりやすく表現し、それを著書にするなり、論文にするなどして発表し、まずはアメリカ市民に自分の思いを届けることである。そうすることにより、日本政府の説明や公式声明とは異なる日本国民の生の声が多くのアメリカ市民に伝わり、理解してもらえることに繋がっていくと思われる。上述したように、自分の意見を発信する際には、アメリカ留学や様々な日米交流活動を通して築いた人的ネットワークを最大限に活用することが不可欠である。そのようにして、発信する人が増えれば増えるほど、人的ネットワークは網の目のように全米各地に張り巡らされることになり、それを通してアメリカ市民の日本理解が深まっていくことになろう。

地味ではあるが、この種の活動を着実に一歩一歩進めることにより、生の日本国民の声に耳を傾けるアメリカの有権者が増え、それが次には草の根運動のように多くの選挙区の連邦議会議員に影響を及ぼし、日本国民と連邦議会議員とのコミュニケーションの機会も生まれるであろうと考えている。それにより、議会議員の一定の理解が得られるようになるだけでなく、彼らの影響力と説得力でもって一歩一歩アメリカ世論の形成をも目指すことになるのである。その成果として、現在首都ワシントンを中心としたロビー活動から生まれる対日政策案とは異なった代替案が提示されることも可能となるであろう。

もちろん「米国に発信すること」、「米国にモノ申す」ことは、「米国に逆らう」ことを意味するわけではない。私たち日本国民は、日本の立場や代替案を米国に堂々と述べ、説明すること、米国がとろうとしている行動や政策上の選択肢に疑問を感じるとき、米国が選ぶ選択肢が日本国民を含む世界の人々だけでなく、米国にとってもマイナスであることを、論理的および合理的に説明する勇気が、現在米国の友人として私たち国民に求められており、私たちはその努力を重ねていくことが非常に大切であると考えている。

というのは、同盟関係を維持していく上で果たすべき義務とそのために払うコストとは、多くの国民が様々な形で米国へ自由に発信すること、そして、日米間の相互理解と信頼関係を強固なものにすることだと考えているからである。

一部の国民の間には、「米国は一旦言い出したら他者の意見に耳を傾けるどころか、どんなことがあっても意見を変えない国だ」といった歪んだ米国の固定観念が見受けられる。しかし、米国には外国人の意見に真摯に耳を傾け、真剣にそれから学ぼうとする良心的な人も多いことを、筆者は体験上知っている。

その意味において、筆者は、アメリカ研究者の一人として、米国人には気付きにくい米国の長所や短所、外国人にしか感じられない、つまり米国人の意識の上にのぼってきにくい、たとえば、人生観、生き方、思考枠組みなどを対話で語り、相対化することの大切さを痛感している。それは、米国民がこれまで当然視してきた、あるいは「もしかして自分の考えが間違っているのではないか」と疑問を抱くことの少なかった思考の「前提」や思考「枠組み」を再考する機会を提供することに繋がると考えるからである。

私たち国民がそのような地道な努力を積み重ねていけば、諸外国から見て負の結果をもたらしかねないと思われる、自国中心的、あるいは「独善的」とも受け止められかねない米国の行動に歯止めをかけることができるかもしれない。あるいは全く不必要と思われる軍事力の行使を米国に思い止めさせることになるかもしれないからである。そのことは、短期的および中・長期的には米国の大国としての信用低下を未然に防ぐことになり、それが究極的には米国の国益に資することにもなるであろう。

さらに、そのことは、「自分の意見を述べない、述べたがらない国民」、「いつまでたっても自国の意見を持たない国」、「主体性に欠ける国」、「自国の行動に責任を持てない自治能力に欠ける国」、「真の主権国からほど遠い未熟な国」といった、日本に関する否定的な固定観念や偏見を大きく変えることにも繋がるであろう。

筆者は、冒頭で米国の著名な歴史家チャールズ・A・ビアードの「信念の行為としての歴史叙述」(一九三四年)の言葉を引用した。憚りながら筆者はある意味で本書を「信念の行為」と内心思っている。

新たな価値の発見へ

振り返れば、第二次世界大戦中に私たち人類は核兵器を発明し、実用化した。その瞬間から、私たちは核兵器の全面的廃絶を唱え始めた。が、その時からすでに久しい。核兵器廃絶の声は今もなお続いているが、しかし核兵器の高性能化とその数は増えこそすれ、減少する気配は一向に見えないのが現状である。

私たちは、国の安全と平和維持のためには、半ばあきらめの境地から核の抑止力に依存することを仕方のないことと受け止めてはいないだろうか。私たちは、未発の可能性として他の選択肢を真剣に考えてきただろうか。私たちは、「核の抑止力」に代わる新たな「価値」と「術《すべ》」を創造する十分な努力をし続けているだろうか。それとも、核の抑止力により一層依存し続け、その虜に堕してはいないだろうか。

筆者は、アメリカ外交史家トマス・マコーミックが次のような提言をしたことを記憶している。「国籍を問わず米国のヘゲモニーを研究するアメリカ研究者は、覇権国アメリカのパワーを制限するにはどのような方法が考えられるかといった問題だけでなく、研究者たちの建設的な英知を結集し、ヘゲモニーに代わる代替案を準備する義務があるのではないか」と。(6) 私たち日本国民は、世界唯一の被爆国の市民として今一度マコーミックの提言を真摯に受け止める必要があるように思われる。

米国の核の傘に依存する選択肢を選ぶ日本の決断は、世界の多くの人々にとって、言葉と行動の両面において日本を非常に理解しにくい、あるいは尊敬しにくい「二重基準の国」として印象付けるものであると思えてならない。この場を借りて筆者は尋ねたい。日本の国民は、日米関係において日本が置かれている位置をどのように捉え、思い、考えているのだろうか。これから日本が進むべき進路についてどのような選択肢を選ぼうとしているのであろうか、と。それとも、「長きにわたって私たちの祖先が生きてきたように、大樹の陰に寄り添うしか仕方がない」というのであろうか。

これからもわが国が、国際社会の品位ある国として尊敬されたいと願うならば、私たちは世界の多種多様な人々が抱えるニーズや問題に前向きに取り組み、国際社会の一員として無理のない範囲でしっかりとその責任を果たしていくことが大切である、と考えている。

今、私の机上には、ロックフェラー財団憲章の一部である「政府からの温情的な援助は、不屈な精神を蝕んで弱々しい人間を生み出すことになる」と、私たちに注意を喚起している文書がある。現在の私たちが選んでいる選択肢と姿勢は、私たち自身のことを真摯に考える機会を奪い、私たちを当事者意識の希薄な弱々しい国民にしてはいないだろうか。別の表現をすれば、本来、「自由」とは、常に人に緊張をもたらすものである。それゆえに、自由をかけがえのない価値と考える人たちは、模索し、考え抜くことにより、今よりも一段と民度の高い成熟した人間に成長するのではないだろうか。

参考文献

［資料］

Japan and United States: Diplomatic, Security and Economic Relations, 1960–1976, (Published by Bell & Howell Information and Learning, Ann Arbor, MI, U.S.A.) Japan–US, National Security Archives, George Washington University Library, Washington, D.C.

John D. Rockefeller 3rd Papers, Rockefeller Archive Center, New York.

Council on Foreign Relations Study Group Reports, Folder 42, Box 6, Collection III 2Q, Rockefeller Archive Center, New York.

Foreign Relations of the United States 1951 VI. U.S. Government Printing Office, Washington, D.C.

Bureau of Educational and Cultural Affairs Historical Collection, U.S. Department of State, Manuscript number 468, box 296, file 29, Special Collections Division, University of Arkansas Libraries, Fayetteville, AR, U.S.A.

John Whitney Hall Papers, Box 2, Folder 38, Yale University Library, Manuscripts and Archives, New Haven, Connecticut, U.S.A.

沖縄県公文書館（https://www.archives.pref.okinawa.jp/news/that_day/4730）.

宮内庁編修『昭和天皇実録』第 10 巻，東京書籍，2017 年.

鹿島平和研究所編『日本外交主要文書・年表　第 1 巻　1941–60』原書房，1983 年.

鹿島平和研究所編『日本外交主要文書・年表　第 2 巻　1961–70』原書房，1984 年.

鹿島平和研究所編『日本外交主要文書・年表　第 3 巻　1971–80』原書房，1985 年.

細谷千博，有賀貞，石井修，佐々木卓也編『日米関係資料集 1945–97』東京大学出版会，1999 年.

アメリカ学会編『原典アメリカ史』全 7 巻，岩波書店，2006 年.

大下尚一，有賀貞，志邨晃佑，平野孝編『史料が語るアメリカ 1584–1988』有斐閣，1989 年.

中見眞理編『日米関係基礎目録』東京大学アメリカ研究資料センター，1986 年.

林義勝「日米関係史研究——日本における日米関係史研究の現状」『東京大学アメリカ研究資料センター年報』9 号，1986 年.

五百旗頭真，宮里政玄，佐藤英夫「日米関係研究の現状と課題——戦後日米関係の研究」『東京大学アメリカ研究資料センター年報』11 号，1988 年.

柴山太編『日米関係史研究の最前線』関西学院大学出版会，2014 年.

参考文献

［書籍］

【あ】


青木冨貴子『昭和天皇とワシントンを結んだ男』新潮社，2011年．

明田川融『沖縄基地問題の歴史——非武の島，戦の島』みすず書房，2008年．

明田川融『日米行政協定の政治史』法政大学出版局，1999年．

明石紀雄『トマス・ジェファソンと「自由の帝国」』ミネルヴァ書房，1993年．

鮎川信夫，石川好『アメリカとAMERICA』時事通信社，1986年．

五百旗頭真編『日米関係史』有斐閣ブックス，2008年．

池井優『駐日アメリカ大使』文藝春秋，2001年．

石川好『親米反米嫌米論』新潮社，1992年．

井門富士夫編『アメリカの宗教伝統と文化』大明堂，1992年．

伊藤昌哉『池田勇人とその時代——生と死のドラマ』朝日新聞社，1985年．

伊奈久喜『戦後日米交渉を担った男——外交官・東郷文彦の生涯』中央公論新社，2011年．

入江昭『日米関係五十年——変わるアメリカ・変わらぬアメリカ』岩波書店，1991年．

Akira, Iriye, Robert A. Wampler, eds. *Partnership: The United States and Japan, 1951-2001.* Tokyo: Kodansha International, 2001.

『岩波講座　近代日本の文化史9 冷戦体制と資本の文化』岩波書店，2000年．

アラン・M・ウィンクラー著，麻田貞雄監訳『アメリカ人の核意識』ミネルヴァ書房，1999年．

臼井吉見編『安保・1960』筑摩書房，1969年．

江幡清編『回想　笠信太郎』笠信太郎追悼集刊行会，1968年．

大内兵衛『1970年』岩波書店，1969年．

大蔵省財政史室『昭和財政史——終戦から講和まで　第3巻　アメリカの対日占領政策』東洋経済新報社，1976年．

大蔵省財政史室編『対占領軍交渉秘録　渡辺武日記』東洋経済新報社，1983年．

大澤真幸，佐藤美奈子，橋本努，原武史編『1970年転換期における「展望」を読む』筑摩書房，2010年．

太田昌克『盟約の闇——「核の傘」と日米同盟』日本評論社，2004年．

太田昌克『日米〈核〉同盟——原爆，核の傘，フクシマ』岩波書店，2014年．

岡本嗣郎『陛下をお救いなさいまし——河井道とボナー・フェラーズ』ホーム社，2002年．

小熊英二『〈民主〉と〈愛国〉』新曜社，2002年．第11章「自主独立と非武装中立」，第12章「60年安保闘争」．


【か】


オルテガ・イ・ガゼット著，桑名一博訳『大衆の反逆』白水社，1991年．

我部政明『沖縄返還とは何だったのか』日本放送出版協会，2000年．

亀井俊介編・解説『日本人のアメリカ論』研究社，1977 年.
岸田秀『日本がアメリカを赦す日』毎日新聞社，2001 年.
金原左門『「近代化」論の転回と歴史叙述』中央大学出版部，2000 年.
アントニオ・グラムシ著，松田博編訳『『獄中ノート』著作集 III「知識人論ノート」注解』明石書店，2013 年.
ジョセフ・グルー著，石川欣一訳『滞日十年』毎日新聞社，1948 年.
Philip H. Coombs, *The Fourth Dimension of Foreign Policy: Educational and Cultural Affairs*. New York: Harper & Row, Publishers, 1964.
古関彰一『「平和国家」日本の再検討』岩波書店，2002 年.
古関彰一『対米従属の構造』みすず書房，2020 年.
近藤健『もうひとつの日米関係――フルブライト教育交流の四十年』ジャパンタイムズ，1992 年.

【さ】

エドワード・W・サイード著，大橋洋一訳『知識人とは何か』平凡社，1995 年.
斎藤眞『アメリカ史の文脈』岩波書店，1981 年.
坂本一哉『日米同盟の絆――安保条約と相互性の模索』有斐閣，2000 年.
猿田佐世『自発的対米従属』角川新書，2017 年.
澤田次郎『近代日本人のアメリカ観――日露戦争以後を中心に』慶應義塾大学出版会，1999 年.
清水知久『アメリカ帝国』亜紀書房，1968 年.
マイケル・シャラー著，市川洋一訳『「日米関係」とは何だったのか』草思社，2004 年.
週刊朝日編集部編『1945～1971 アメリカとの 26 年』新評社，1971 年.
ロバート・シュワンテス著，石川欣一訳『日本人とアメリカ人――日米文化交流百年史』創元社，1957 年.
ハワード・B・ショーンバーガー著，宮崎章訳『占領 1945-1952』時事通信社，1994 年.
U・アレクシス・ジョンソン著，増田弘訳『ジョンソン米大使の日本回想』草思社，1989 年.
シーラ・ジョンソン著，鈴木健次訳『アメリカ人の日本観』サイマル出版会，1986 年.
白井聡『永続敗戦論――戦後日本の核心』太田出版，2013 年.
白井聡『国体論――菊と星条旗』集英社新書，2018 年.
進藤榮一『分割された領土――もう一つの戦後史』岩波書店，2002 年.

【た】

スタッズ・ターケル著，中山容他訳『よい戦争』晶文社，1985 年.
田井中雅人『核に縛られる日本』KADOKAWA，2017 年.
谷口智彦『通貨燃ゆ――円・元・ドル・ユーロの同時代史』日本経済新聞社，2005

年.
ジョン・W・ダワー著，斎藤元訳『人種偏見――太平洋戦争に見る日米摩擦の底流』TBS ブリタニカ，1987 年.
Frederick S. Dunn, *Peace-Making and the Settlement with Japan*. Princeton, N.J.: Princeton University Press, 1963.
土屋由香『親米日本の構築』明石書店，2000 年.
土屋由香『文化冷戦と科学技術』京都大学出版会，2021 年.
『昭和天皇独白録・寺崎英成御用掛日記』文藝春秋，1991 年.
戸川猪佐武『小説吉田学校』流動，1971 年.
豊下楢彦『安保条約の成立――吉田外交と天皇外交』岩波書店，1996 年.
豊下楢彦『昭和天皇・マッカーサー会見』岩波書店，2008 年.
豊下楢彦編『安保条約の論理――その生成と展開』柏書房，1999 年.
豊田祐基子『「共犯」の同盟史――日米密約と自民党政権』岩波書店，2009 年.
豊田祐基子『日米安保と事前協議制度――「対等性」の維持装置』吉川弘文館，2015 年.

【な】

永井良和『南沙織がいたころ』朝日新聞出版，2011 年.
中島琢磨『沖縄返還と日米安保体制』有斐閣，2012 年.
中村政則『象徴天皇制への道――米国大使グルーとその周辺』岩波書店，1989 年.
中屋健一，ロバート・S・シュワンテス『日米文化・教育交流の 10 年間，1952-1961』1961 年.
西村熊雄『サンフランシスコ平和条約・日米安保条約』中央公論新社，1999 年.
西山太吉『検証 米秘密指定報告書「ケーススタディ沖縄返還」』岩波書店，2018 年.
日米協会編『もう一つの日米交流史――日米協会資料で読む 20 世紀』中央公論新社，2012 年.
日本政治学会編『危機の日本外交――70 年代』岩波書店，1997 年.
『年報日本現代史』編集委員会編「六〇年安保改定とは何だったのか」『年報日本現代史』15 号，2010 年.
能登路雅子「日米文化教育会議(カルコン)の成果と課題」瀧田佳子編『太平洋世界の文化アメリカ』彩流社，2005 年.

【は】

ジョン・ハーシー著，石川欣一訳『ヒロシマ』法政大学出版，1947 年(A. A. ノッフ社，ニューヨーク，1946 年).
Edward W. Barrett, *Truth is Our Weapon*. New York: Funk & Wagnalls Company, 1953.
George R. Packard III, *Protest in Tokyo: The Security Treaty Crisis of 1960*. Princeton: Princeton University Press, 1966.

服部龍二『外交を記録し，公開する』東京大学出版会，2020 年.
秦郁彦『史録日本再軍備』文藝春秋，1976 年.
秦郁彦『昭和天皇五つの決断』文藝春秋，1994 年.
原彬久『戦後日本と国際政治――安保改定の政治力学』中央公論社，1988 年.
原彬久『日米関係の構図――安保改定を検証する』NHK ブックス，1991 年.
春名幹男『ロッキード疑獄』角川書店，2020 年.
東野真『昭和天皇二つの「独白録」』日本放送出版協会，1998 年.
日高六郎編『1960 年 5 月 19 日』岩波新書，1960 年.
Walter L. Hixton, *Parting the Curtin: Propaganda, Culture, and the Cold War, 1945-1961*. London: Macmillan, 1997.
藤原書店編集部編『「日米安保」とは何か』藤原書店，2010 年.
ラルフ・B・ペリー著，高木誠，高木八尺訳『ピューリタニズムとデモクラシー』有信堂，1971 年.
ヒュー・ボートン著，五百旗頭真監修，五味俊樹訳『戦後日本の設計者　ボートン回想録』朝日新聞社，1998 年.
エティエンヌ・ド・ラ・ボエシ著，西谷修監修，山上弘嗣訳『自発的隷従』筑摩書房，2013 年.
細谷千博監修，A50 日米戦後史編集委員会編『日本とアメリカ――パートナーシップの 50 年』ジャパン・タイムズ，2001 年.
堀有伸『日本的ナルシズムの罪』新潮社，2016 年.
本間長世『理念の共和国』中央公論社，1976 年.
本間長世『思想としてのアメリカ』中央公論社，1996 年.

【ま】

前泊博盛『日米地位協定入門』創元社，2013 年.
トマス・J・マコーミック著，松田武，高橋章，杉田米行訳『パクス・アメリカーナの五十年』東京創元社，1992 年.
孫崎享『戦後史の正体 1945-2012』創元社，2012 年.
孫崎享『アメリカに潰された政治家たち』小学館，2012 年.
松田武『戦後日本におけるアメリカのソフト・パワー』岩波書店，2008 年.
松本重治『聞書・わが心の自叙伝』講談社，1992 年.
ヘレン・ミアーズ著，伊藤延司訳『アメリカの鏡・日本』アイネックス，1995 年.
道場親信『占領と平和〈戦後〉という経験』青土社，2005 年.
宮尾舜助「日米文化教育交流会議」細谷千博監修，A50 日米戦後史編集委員会編『日本とアメリカ――パートナーシップの 50 年』ジャパン・タイムズ，2001 年.
宮澤喜一『東京―ワシントンの密談』中央公論社，1999 年.
宮本ゆき『なぜ原爆が悪ではないのか――アメリカの核意識』岩波書店，2020 年.
マサオ・ミヨシ著，佐復秀樹訳『オフ・センター――日米摩擦の権力・文化構造』

平凡社，1996 年（Masao Miyoshi, *Off Center: Power and Culture Relations between Japan and the United States.* Cambridge and London: Harvard University Press, 1991）.
三輪公忠『隠されたペリーの「白旗」』Tokyo: Sophia University Press, 1999 年.
【や】
山本章子『米国と日米安保条約改定――沖縄・基地・同盟』吉田書店，2017 年.
山本章子『日米地位協定』中央公論新社，2019 年.
Tadashi Yamamoto, Akira Iriye, and Makoto Iokibe, eds. *Philanthropy & Reconciliation: Rebuilding Postwar U.S.-Japan Relations.* Tokyo: Japan Center for International Exchange, 2006.
読売新聞国際情勢調査会編『1970 年――安保改定へのアプローチ』読売新聞社，1966 年.
【ら】
Edwin O. Reischauer, *My Life between Japan and America.* New York: Harper & Row, 1986（エドウィン・O・ライシャワー著，徳岡孝夫訳『ライシャワー自伝』文藝春秋，1987 年）.
E・O・ライシャワー著，アジア協会訳『転機にたつアジア政策』一橋書房，1967 年.
エドウィン・O・ライシャワー，ハル・ライシャワー著，入江昭監修『ライシャワー大使日録』講談社，1995 年.
【わ】
渡辺靖『アメリカン・センター――アメリカの国際文化戦略』岩波書店，2008 年.

［論文］
【あ】
リチャード・T・アーント著，杉山恭訳「米国の文化・広報外交――きわどいバランス」『国際問題』388 号，1988 年 5 月.
有賀貞，清水知久「アメリカ史学界の最近の動向」『歴史学研究』263 号，1962 年 3 月.
伊藤成彦「冷戦終結後の沖縄――米軍基地の根源を問う」『アソシエ』2 号，2000 年 4 月.
上原淳道「日米の文化・教育の交流についての雑感」『思想』453 号，1962 年 3 月.
大宅壮一「天皇・中国に流されず」『文藝春秋』1959 年 8 月号.
【か】
加藤哲郎「戦後米国の情報戦と 60 年安保――ウィロビーから岸信介まで」「年報日本現代史」編集委員会編「六〇年安保改定とは何だったのか」『年報日本現代史』15 号，現代史料出版，2010 年.
我部政明「沖縄から見た日米安保――軍事戦略思考の転換」特集「日米関係」再考

『環』8巻，2002年Winter.
川島武宜「近代日本史の社会科学的研究――1960年箱根会議の感想」『思想』442号，1961年4月.
菅英輝「ヴェトナム戦争と日米安保体制」『国際政治』115号，1997年5月.
北川隆吉「日米文化交流と「大学」の自治」『文学』30巻5号，1962年5月.
北山馨「パブリック・ディプロマシー――アメリカの外交戦略」『レファレンス』2003年4月.
蔵原惟人「ライシャワー氏の哲学とアメリカの「平和戦略」」『文化評論』27号，1964年1月.
桑田禮彰「アメリカ合衆国の根本体質と日米関係」『環』8巻，2002年Winter.
児島襄「天皇とアメリカと太平洋戦争」『文藝春秋』1975年11月号.

【さ】

佐藤薫「日米文化教育会議の概要」『文部時報』1016号，1962年4月.
島川雅史「米軍基地と日米安保体制――解禁秘密文書が語る「基地自由使用」と「核兵器」」『年報日本現代史』6号，2000年5月.
清水知久「アメリカのアメリカ史研究者たち」『歴史学研究』280号，1963年9月.
清水知久「アメリカを根底から考え直す」『中央公論』1969年1月.

【た】

滝本匠「日米安保条約改定と沖縄」「年報日本現代史」編集委員会編「六〇年安保改定とは何だったのか」『年報日本現代史』15号，現代史料出版，2010年.
遠山茂樹「日本支配層の政治意識」『改造』1953年3月号.

【な】

中馬清福「自主性なき「同盟」構築の末路」『環』41巻，2010年Spring.
中屋健一「日米教育文化会議の成果」『日米フォーラム』8巻3号，1962年4月.

【は】

長谷川雄一「自発的隷従の精神構造と日本のアイデンティティ」『危機の時代と「知」の挑戦(下)』第9章，論創社，2018年.
ハルトゥーニアン，長原豊&サブ・コーソ(聞き手)，サブ・コーソ訳「アメリカの知識人と資本主義」『現代思想』30巻12号，青土社，2002年.
福田恆存「ライシャワー攻勢ということ」『文藝春秋』1963年10月号.
福田恆存「軍刀の独走について」『文藝春秋』1964年5月号.
ヒュー・ボートン「日米文化関係の過去・現在・未来」『日米フォーラム』8巻3号，1962年4月.

【ま】

マサオ・ミヨシ著，宮田優子，清田友則訳「売却済みの象牙の塔――グローバリズムのなかの大学」『現代思想』28巻10号，2000年9月.
道場親信「ゆれる運動主体と空前の大闘争――「60年安保」の重層的理解のために」「年報日本現代史」編集委員会編「六〇年安保改定とは何だったのか」『年

報日本現代史』15号，現代史料出版，2010年.
【や】
油井大三郎「アメリカ知識人と愛国主義のわな」『現代思想』30巻12号，青土社，2002年.
油井大三郎「ポスト・パールハーバーの歴史心理」『世界』1991年12月号.
吉川勇一「べ平連　69年から70年へ――市民運動の可能性」『世界』1970年5月号.
吉川勇一「東京に基地があること」『世界』1971年4月号.
【ら】
Edwin O. Reischauer, "The Broken Dialogue with Japan," *Foreign Affairs*, Vol. 39, No. 1, October 1960, pp. 11-26(E・O・ライシャワー『日本との対話』時事通信社，1961年).
エドウィン・O・ライシャワー「日米関係の将来――政治的争点について」『世界』1953年3月号.

注

第1章

(1)　この分析法に依拠しながら覇権期の米国の対外関係を扱ったものに，トマス・J・マコーミック著，松田武，高橋章，杉田米行訳『パクス・アメリカーナの五十年』東京創元社，1992年がある．

(2)　中見眞理編『日米関係基礎目録』東京大学アメリカ研究資料センター，1986年；林義勝「日米関係史研究――日本における日米関係史研究の現状」『東京大学アメリカ研究資料センター年報』9号，1986年；五百旗頭真，宮里政玄，佐藤英夫「日米関係研究の現状と課題――戦後日米関係の研究」『東京大学アメリカ研究資料センター年報』11号，1988年；柴山太編『日米関係史研究の最前線』関西学院大学出版会，2014年．

(3)　オルテガ・イ・ガゼット著，桑名一博訳『大衆の反逆』白水社，1991年，第12章，159頁を参照．

(4)　「30年ルール」とは，外交文書は作成後30年をめどに国民に原則公開されるルールを指している．

(5)　たとえば，土江真樹子琉球朝日放送報道部記者も，「沖縄返還」についてワシントンで調査された際に，筆者と同じような経験をされた一人であろう．西山太吉『検証 米秘密指定報告書「ケーススタディ沖縄返還」』岩波書店，2018年，194頁；仲本和彦『(研究者のための)アメリカ国立公文書館徹底ガイド』凱風社，2008年；服部龍二『外交を記録し，公開する』東京大学出版会，2020年．

(6)　入江昭『日米関係五十年――変わるアメリカ・変わらぬアメリカ』岩波書店，1991年；ハワード・B・ショーンバーガー著，宮崎章訳『占領 1945-1952』時事通信社，1994年，337頁．

(7)　U. Alexis Johnson, “Global Strategy Seminar” at Naval War College, New Port, Rhode Island, June 13, 1972. Records of U. Alexis Johnson, 1932-1977. RG No. 59, Box 4, Entry A1, 5550. National Archives, Maryland, U.S.A.

(8)　米政府，中でも国防総省・軍部は，基本的に「ブルースカイ・ポジション(政策)」の立場を現在も崩していない．ブルースカイ・ポジションとは，空に雲ひとつない状態，青空になることを意味する．つまり，それくらい脅威がなくならない限り，米国は沖縄返還に同意しない政策を意味している．西山太吉『検証 米秘密指定報告書「ケーススタディ沖縄返還」』186頁；岩間陽子「米国多国間同盟と抑止戦略」平成22年度外務省国際問題調査研究・提言報告書『日米関係の今後の展開と日本の外交』第5章，58頁，2011年．

(9)　William L. Neumann, *America Encounters Japan: From Perry to MacArthur*. 1963. p. 3.

(10) SRG Meeting, August 27 on NSSM 122-Japan. August 31, 1971. Japan-US, NSA-01425. Japan and United States: Diplomatic, Security and Economic Relations, 1960-1976, (Published by Bell & Howell Information and Learning, Ann Arbor, MI, U.S.A.) Japan-US, National Security Archives, George Washington University Library, Washington, D.C.(以後，Japan-US, NSA と略記).

(11) ノルウェーの著名な国際政治学者ヨハン・ガルトゥングは，「すべての非対称同盟は，力関係において劣位な相手国内において，同盟の成立に抜きがたい政治的利益を持つ勢力の存在を必要とする」と述べている．進藤榮一『分割された領土――もう一つの戦後史』岩波書店，2002 年，92 頁からの引用．

(12) 遠山茂樹「日本支配層の政治意識」『改造』1953 年 3 月号，13-22 頁．

(13) SRG Meeting, August 27 on NSSM 122-Japan. August 31, 1971. Japan-US, NSA-01425; Eighth U.S.-Japan Joint Economic Committee Meeting. September 1, 1971. Japan-US, NSA-01427.

(14) 第 1 次世界大戦中の 1915 年に第 2 次大隈重信内閣は，中国における利権拡大のために，中国の主権を犯す可能性大の 21 カ条の要求を袁世凱政府に突き付けた．ヨーロッパ列強は大戦のため日本に干渉できず，当時それができたのは米国だけであった．そのような中で，日本財界の実力者で 15 年 11 月に訪米した実業使節団代表の渋沢栄一によって提唱されたのが，「米資日脳」論であった．それは，中国における日本の経験知と巨大な米資本とを合わせて日米が提携して中国開発に当たるという日米共同による中国開発構想であった．その主たる眼目は，経済提携を通して米国の日本への干渉を抑える一方，米資本を後ろ盾に利権拡大を図る点にあった．しかし，その後，中国国民の対日感情は悪化し，抗日運動が活発化することになった．詳しくは，有賀夏紀「アメリカ実業界と門戸開放：American International Corporation の中国大運河改修事業，1911-1918」『アメリカ研究』8 号，1974 年，99-122 頁；Takeshi Matsuda "Woodrow Wilson's Dollar Diplomacy in the Far East: The New Chinese Consortium, 1917-1921." Ph. D. diss. University of Wisconsin-Madison, 1979, pp. 147-153 を参照．

(15) 西村熊雄『サンフランシスコ平和条約・日米安保条約』中央公論新社，1999 年，331 頁．

(16) 「Intellectual 知的・知識人」レイモンド・ウィリアムズ著，岡崎康一訳『キイワード辞典』晶文社，197-200 頁；エドワード・W・サイード著，大橋洋一訳『知識人とは何か』平凡社，1995 年．

(17) アントニオ・グラムシ著，松田博編訳『『獄中ノート』著作集 III「知識人論ノート」注解』明石書店，2013 年．進歩的文化人とは，第 2 次世界大戦後の占領期から 1980 年代にかけて，市民運動などの運動に関与し，学界，ジャーナリズム，マス・メディアで活躍した左翼・リベラル系の知識人を指し，その代表格として清水幾太郎(晩年は転向)，丸山真男，鶴見俊輔，小田実，大江健三郎，西園寺公一，羽仁五郎，家永三郎，本田勝一などを挙げている．竹内洋『革新幻想

の戦後史』中央公論新社，2011 年，311-12 頁；George R. Packard III, *Protest in Tokyo: The Security Treaty Crisis of 1960*. Princeton: Princeton University Press, 1966, pp. 26-31；『福田恆存全集』第 6 巻(1988 年 3 月)；吉本光宏「知識人と大学が今なすべきこと――ニューヨーク大学国際会議報告」『世界』2004 年 9 月，197 頁；佐伯啓思「近代化論とイデオロギーの終焉」山之内靖他編『岩波講座 社会科学の方法 II』岩波書店，1993 年，228 頁．

(18) 白井聡『国体論――菊と星条旗』集英社新書，2018 年；白井聡『永続敗戦論――戦後日本の核心』太田出版，2013 年；岸田秀『日本がアメリカを赦す日』毎日新聞社，2001 年．

第 2 章

(1) William Bradford, *Of Plymouth Plantation, 1620–1647*. With introduction by Samuel Eliot Morrison. New York: Random House, Inc. 1952, p. 61; ウィリアム・ブラッドフォード「プリマス植民地の歴史」アメリカ学会編『原典アメリカ史 第 1 巻』岩波書店，1950 年，81-115 頁；加藤恭子『最初のアメリカ人――メイフラワー号と新世界』福武書店，1983 年．

(2) クレヴクール「アメリカ農民の手紙」(1782 年)大下尚一，有賀貞，志邨晃佑，平野孝編『史料が語るアメリカ 1584-1988』有斐閣，1989 年，24-25 頁．

(3) Perry Miller, *Errand into the Wilderness*. Cambridge, Mass.: Harvard University Press, 1956; Perry Miller, *The New England Mind: The Seventeenth Century*. New York: The Macmillan Company, 1939; Edmund S. Morgan, *The Puritan Family*. New York: Harper & Row, Publishers, 1966; ラルフ・B・ペリー著，高木誠，高木八尺訳『ピューリタニズムとデモクラシー』有信堂，1971 年；Larzer Ziff, *Puritanism in America: New Culture in a New World*. New York: The Viking Press, 1973; 三崎敬之『マサチュセッツ湾植民地公民の研究』大明堂，1983 年；井門富士夫編『アメリカの宗教伝統と文化』大明堂，1992 年；大西直樹『ニューイングランドの宗教と社会』彩流社，1999 年など．

(4) ジェームズ・マディソン「派閥の弊害とその匡正策」A・ハミルトン，J・ジェイ，J・マディソン著，斎藤眞，武則忠見訳『ザ・フェデラリスト』福村出版，1991 年，43-49 頁．

(5) トマス・ジェファソンの第 1 次大統領就任演説(1801 年 3 月 4 日)については，アメリカ学会編『原典アメリカ史 第 3 巻』岩波書店，1953 年，94-100 頁．

(6) 自由主義の定義について，ここでは紙幅の都合上ごく簡潔かつ単純化せざるを得ないことをお断りしておきたい．その多様性については Samuel Bowles and Herbert Gintis, *Democracy and Capitalism: Property, Community, and the Contradictions of Modern Social Thought*. New York: Basic Books, Inc., Publishers, 1986 が参考になるであろう．

(7) Edward W. Barrett, *Truth is Our Weapon*. New York: Funk & Wagnalls

Company, 1953, p. 209.
(8) ニューヨークの外交問題評議会(Council on Foreign Relations)において，1950-51年の2年に及ぶ「対日講和条約の問題」プロジェクト研究班のメンバーで，Bankers Trust CompanyのJ. Morden Murphyの発言．Council of Foreign Relations Japanese Peace Treaty Problems, Second Meeting, November 27, 1950, p. 7.
(9) 鮎川信夫，石川好『アメリカとAMERICA』時事通信社，1986年，193頁．
(10) Edward W. Barrett, *Truth is Our Weapon*. p. 200.
(11) 鮎川信夫，石川好『アメリカとAMERICA』193頁．
(12) Edward W. Barrett, *Truth is Our Weapon*. pp. 184, 196.
(13) John D. Rockefeller 3rd, Report to Ambassador Dulles, "United States-Japanese Cultural Relations," p. 8. April 16, 1951, RG 5, 1-OMR, Asian Interests, Box 49, Folder 446, John D. Rockefeller 3rd Papers, Rockefeller Archive Center.
(14) 三輪公忠『隠されたペリーの「白旗」』Tokyo: Sophia University Press, 1999年，10頁．
(15) ジョン・ウィンスロップ「キリスト教徒の慈愛のひな型」(1630年)大下他編『史料が語るアメリカ 1584-1988』9-10頁．
(16) 「民主的平和論」は，1976年のM・スモールとJ・D・シンガーの論文を皮切りにマイケル・ドイルが1983年に提唱して以来，平和のメカニズムを解明するために論じられてきた．しかし，それに対する批判もそれぞれ異なる立場からH. S. Faber & J. Gowa，P. J. McDonald，M. Peceny, C. C. Beer & S. Sanchez-Terry，D. M. Giblerらによってなされている．Michael W. Doyle, "Kant, Liberal Legacies and Foreign Affairs." *Philosophy and Public Affairs* 12: 205-35(Part I), 323-53(Part II); ブルース・ラセット著，鴨武彦訳『パクス・デモクラティア』東京大学出版会，1996年；山田敦「民主主義と平和の理論——デモクラティック・ピース論争について」『一橋論叢』21巻4号，1997年，35-58頁；麻生多聞「デモクラティック・ピース論の現在的位相」『比較法学』40巻2号，2007年，215-35頁．
(17) Brooks Adams, *The Law of Civilization and Decay*. New York: Vintage Books, Inc., 1943.
(18) ジョン・L・オサリヴァンの「併合論」(1845年)については，大下他編『史料が語るアメリカ 1584-1988』88-89頁；Brooks Adams, *The Law of Civilization and Decay*.
(19) Council on Foreign Relations Japanese Peace Treaty Problems, Third Meeting, December 18, 1950, p. 5.
(20) Edwin O. Reischauer, "Japan-America-Prospects as of Late Summer, 1962," September 21, 1962, Japan-US, NSA-00171. ジョン・W・ダワー著，斎藤元訳『人種偏見——太平洋戦争に見る日米摩擦の底流』TBSブリタニカ，1987年；油

井大三郎「ポスト・パールハーバーの歴史心理」『世界』1991 年 12 月号，64-65 頁．

(21) White House Memorandum. The President's Private Meeting with the British Prime Minister Edward Heath, Monday, December 20, 1971. Japan-US, NSA-01479; Fourth Meeting of Security Consultative Committee on October 10, 1963. Japan-US, NSA-00275.

(22) Edwin O. Reischauer, *My Life between Japan and America*. New York: Harper & Row, 1986(エドウィン・O・ライシャワー著，徳岡孝夫訳『ライシャワー自伝』文藝春秋，1987 年，143 頁)．

(23) ヘレン・ミアーズ著，伊藤延司訳『アメリカの鏡・日本』アイネックス，1995 年．ミアーズ女史は，1900 年ニューヨーク市生まれの日本研究者である．中村政則『象徴天皇制への道——米国大使グルーとその周辺』岩波書店，1989 年，163-64 頁．

(24) John Q. Adams, An Address Delivered at the Request of a Commission of the Citizens of Washington…on the Fourth of July, 1821 (Washington, 1821). William A. Williams, *The Roots of the Modern American Empire* (New York: Random House, 1969) pp. 64, 462. なお，邦訳は，ヘレン・ミアーズ『アメリカの鏡・日本』6 頁．

第 3 章

(1) 斎藤眞氏は，日本を米国の裏庭(自分の家の一部)とみる米国の「裏庭観」を，「日本まるがかえ」意識と解している．斎藤眞「アメリカの対外認識と日本の発言」篠原一，日高六郎，竹内好「シンポジウム・安保改定阻止の成果と展望」『思想』1960 年 8 月号，72-77 頁．

(2) 臼井吉見編『安保・1960』筑摩書房，1969 年，10 頁．

(3) "Jonathan Moore's Report on his trip to the Far East," From Mabel to Mr. Bennett-EA. November 17, 1965. Japan-US, NSA-00531. 西山太吉『検証 米秘密指定報告書「ケーススタディ沖縄返還」』191 頁．

(4) スタッズ・ターケル著，中山容他訳『よい戦争』晶文社，1985 年．

(5) Okinawa Reversion [Attached to Cover Sheet Dated December 5, 1969; Includes Five Point Papers] Secret Memorandum DJSM-1808-69. From Earle G. Wheeler, Director, Joint Chiefs of Staff to Nels C. Johnson. November 29, 1969. Japan-US, NSA-01175.

(6) William J. Sebald to The Secretary of State, Washington. "Emperor of Japan's Opinion Concerning the Future of the Ryukyu Islands," September 22, 1947; Memorandum for General MacArthur, General Headquarters Supreme Commander for the Allied Powers September 20, 1947. 890. 0146/9-2247 National Archives, Maryland; 宮内庁編修『昭和天皇実録』第 10 巻，東京書籍，

2017 年，455-56 頁；https://www.archives.pref.okinawa.jp/news/that_day/4730 沖縄県公文書館；『昭和天皇独白録・寺崎英成御用掛日記』文藝春秋，1991 年，332-33 頁；東野真『昭和天皇二つの「独白録」』日本放送出版協会，1998 年；岡本嗣郎『陛下をお救いなさいまし――河井道とボナー・フェラーズ』集英社，2002 年；中村政則『象徴天皇制への道』.「天皇からのメッセージ」に関する詳細については，進藤榮一『分割された領土――もう一つの戦後史』65-72 頁；豊下楢彦『昭和天皇・マッカーサー会見』岩波書店，2008 年，50-55 頁；秦郁彦『昭和天皇五つの決断』文藝春秋，1994 年；青木冨貴子『昭和天皇とワシントンを結んだ男』新潮社，2011 年；大蔵省財政史室編『対占領軍交渉秘録　渡辺武日記』東洋経済新報社，1983 年；ハワード・B・ショーンバーガー『占領 1945-1952』.

(7)　セオドア・ローズヴェルト米大統領は，米国への日本人移民の問題を解決するために，「アジア人が英語使用諸国に移住しない代わりに，英語使用の諸国民は日本帝国に移住しない」という了解事項を英帝国の諸国との間で交わす，という案を 1908 年初に提案した．ところで，同大統領の「スマート・ヤンキー・トリック」に関する研究も発表されている．Donald C. Gordon, “Roosevelt's ‘Smart Yankee Trick’,” *Pacific Historical Review*, vol. 30, no. 4, Nov. 1961, University of California Press.

(8)　ジョセフ・グルー著，石川欣一訳『滞日十年』毎日新聞社，1948 年；児島襄「天皇とアメリカと太平洋戦争」『文藝春秋』1975 年 11 月号，96 頁；中村政則『象徴天皇制への道』第 8 章，第 9 章.

(9)　たとえば，元駐日大使で「天皇閥の先鋒」であるジョセフ・C・グルー国務次官，ユージン・ドゥーマン国務次官補佐，それに，ジャパン・ロビーのハリー・カーン，コンプトン・パケナム，それに W・J・カウフマンなどがあげられる.

(10)　たとえば，総司令部政治顧問のシーボルト，総司令部参謀第 2 部(G2)のチャールズ・ウィロビー部長，それにマッカーサー元帥の軍事秘書ボナー・フェラーズ准将などがあげられる．ところで，ボナー・フェラーズは，対日心理作戦部長を務めた日本通の軍人で，宮内府御用掛寺崎英成の妻グエン夫人の親戚にあたる.

(11)　U.S. Policy Assessment-Japan, 1965 May 2, 1965. United States Embassy (Japan) to J. Owen Zurhellen, Jr. Counselor of Embassy. Japan-US, NSA-00560.

(12)　大宅壮一「天皇・中国に流されず」『文芸春秋』1959 年 8 月号，69 頁.

(13)　三輪公忠『隠されたペリーの「白旗」』10 頁.

第 4 章

(1)　John Robinson Beal, *John Foster Dulles*. New York, 1959, p. 118.

(2)　前掲書，121 頁.

(3) "American Cultural Relations with Japan," 6th Meeting, June 3, 1953, Council on Foreign Relations Study Group Reports, Folder 42, Box 6, Collection III 2Q, Rockefeller Archive Center, New York, U.S.A.
(4) 古関彰一『「平和国家」日本の再検討』岩波書店，2002 年，88 頁．
(5) 「対日平和条約」細谷千博，有賀貞，石井修，佐々木卓也編『日米関係資料集 1945-97』東京大学出版会，1999 年，111-34 頁，請求権及び財産については，111-21 頁を参照．西村熊雄『サンフランシスコ平和条約・日米安保条約』鹿島研究所出版会，1971 年．
(6) Charles A. Sullivan, Senior Interdepartmental Group, Report on "Our Ryukyu Bases," September 12, 1965, Japan-US, NSA-00600; John Welfield, *An Empire in Eclipse* (London: The Athlone Press, 1988), p. 222; 菅英輝「ヴェトナム戦争と日米安保体制」『国際政治』115 号，1997 年 5 月，90 頁．
(7) Earl G. Wheeler, U.S. Joint Chief of Staff, "Future Use of Ryukyuan Bases," July 20, 1967, Japan-US, NSA, 00695; Memorandum June 27, 1967, Meeting of the Sub-Committee of the US-Japan Security Consultative Committee, Tokyo, May 25-26, 1967, Japan-US, NSA-00686.
(8) U.S. Policy toward Japan, National Security Council, NSC 6008/1, June 11, 1960, Japan-US, NSA-00052; "Proposed Transfer of F-102 Squadron" April 26, 1966." Japan-US, NSA-00558.
(9) 国務省と国防総省の意見の一致については，西山太吉『検証 米秘密指定報告書「ケーススタディ沖縄返還」』37 頁を，意見の不一致については 41-54 頁を参照．
(10) Memorandum for the Secretary of Defense, "Proposed Transfer of F-102 Squadron," April 26, 1966, Japan-US, NSA-00558.
(11) 「日米安全保障条約」細谷他編『日米関係資料集 1945-97』135-42 頁；古関彰一『「平和国家」日本の再検討』88 頁．対日平和条約と安保条約締結にダレスが果たした役割については，ハワード・B・ショーンバーガー『占領 1945-1952』第 8 章，287-336 頁を参照．
(12) Memorandum of Telephone Conversation by the Consultant to the Secretary of State (Dulles), August 3, 1950, FRUS 1950 VI East Asia and the Pacific, pp. 1246-65; Quoted in Michael Schaller, "The United States, Japan, and China at Fifty," Akira Iriye and Robert Wampler, eds. *Partnership: United States and Japan, 1951-2001*, Tokyo: Kodansha International, 2001, p. 39.
(13) Memorandum by the Consultant to the Secretary (Dulles) to the Secretary of State, July 27, 1950 VI East Asia and the Pacific, pp. 1259-60; Memorandum of Conversation, by the United States Political Adviser to SCAP (Sebald), February 10, 1951, FRUS 1951 VI, pp. 873-74; 豊下楢彦『安保条約の成立——吉田外交と天皇外交』岩波書店，1996 年，181 頁．

(14)　「日米行政協定」細谷他編『日米関係資料集 1945-97』146-78 頁．
(15)　Memorandum of Conversation between President John F. Kennedy and Ambassador Douglas MacArthur II, April 8, 1961, Japan-US, NSA-00090.
(16)　エドウィン・O・ライシャワー「日米関係の将来——政治的争点」『世界』1953 年 3 月号，63 頁．
(17)　Edwin O. Reischauer, "Japan-America-Prospects as of Late Summer, 1962," Department of State Policy on the Future of Japan, June 26, 1964, Japan-US, NSA-00329; Aviation Negotiations with Japan, July 1964.
(18)　Aviation Negotiations with Japan, July 1964, Japan-US, NSA-00330.
(19)　Guidelines of U.S. Policy toward Japan, May 3, 1961, Short Objectives (1961-1963), Japan-US, NSA-00098.
(20)　Edwin O. Reischauer, "Japan-America-Prospects as of Late Summer, 1962," September 21, 1962, Japan-US, NSA-00171.
(21)　*Foreign Relations of the United States 1951*. Vol. 6, part 1 (Washington, D.C: Government Printing Office, 1977), p. 825;. Frederick S. Dunn, *Peace-Making and the Settlement with Japan*. Princeton, N.J.: Princeton University Press, 1963. p. 100.
(22)　George S. Franklin Jr. (Director of Meetings) to John Foster Dulles, October 24, 1950, Council on Foreign Relations, New York.
(23)　これらの課題は，1960 年 6 月に締結される新安保条約において取上げられ，その一部が解決されることになる．原彬久『日米関係の構図——安保改定を検証する』NHK ブックス，1991 年，47 頁；五百旗頭真編『日米関係史』有斐閣ブックス，2008 年，175 頁；George R. Packard III, *Protest in Tokyo*. chap. 1.
(24)　豊田祐基子『日米安保と事前協議制度——「対等性」の維持装置』吉川弘文館，2015 年，28-29 頁．
(25)　西村熊雄『サンフランシスコ平和条約・日米安保条約』326 頁．
(26)　エティエンヌ・ド・ラ・ボエシ著，西谷修監修，山上弘嗣訳『自発的隷従』筑摩書房，2013 年．「日米両国の政治的・軍事的関係は言うまでもなく，その心理的関係」をも包摂した日米安保体制を，原彬久氏は「日米大従属システム」と呼んでいる．原彬久『日米関係の構図』33 頁．
(27)　斎藤眞，筆者宛書簡，1997 年 9 月 7 日付．

第 5 章

(1)　五百旗頭真編『日米関係史』第 7 章「パクス・アメリカーナの中の戦後日本 1950 年代」181 頁．この時期に日本からの若い留学生が米国で社会科学や人文科学を学び，帰国後 1960 年代に活躍した．そうした研究者に，国際政治学者の高坂正堯，永井陽之助，アメリカ研究者の本間長世，アメリカ外交史家の入江昭氏などがいる．

(2) George R. Packard III, *Protest in Tokyo*. chap. 2, p. 34.
(3) 1950年代の日本社会党および党内勢力については，George R. Packard III, *Protest in Tokyo*. pp. 82-87.
(4) 原彬久『日米関係の構図』47頁.
(5) 1955年8月の「重光＝ダレス会談」の教訓とは，米政府との交渉を通して旧安保条約の改定を実現するには，「まず第一に，反ソ・反共主義を支持する日本の保守勢力強化による政治的安定」，それに，防衛力の増強と憲法改正が必要であるという自由民主党員の間の新たな共通認識を指している．原彬久『日米関係の構図』43-45頁.
(6) 安保問題研究会「安保改定・8つの疑問――藤山外務大臣への質問書」1959年10月17日『朝日ジャーナル』1959年11月1日；藤山愛一郎「安保問題への所信――公開質問書に対する回答」『朝日ジャーナル』1959年11月1日.
(7) 道場親信「ゆれる運動主体と空前の大闘争――「60年安保」の重層的理解のために」「年報日本現代史」編集委員会編「六〇年安保改定とは何だったのか」年報『日本現代史』第15号，現代史料出版，2010年，81-146頁.
(8) 「首相表明――アイク訪日延期に関して」(1960年6月16日)臼井吉見編『安保・1960』216頁.
(9) エコノミスト編集部編「ハガチー事件・海外の目」臼井吉見編『安保・1960』180-82頁.
(10) Confidential Cable on Presidential Visit, June 15, 1960. Japan-US, NSA-00053; 日高六郎編『1960年5月19日』岩波新書，1960年；保阪正康『60年安保闘争』講談社現代新書，1986年；小阪修平『思想としての全共闘世代』ちくま新書，2006年.

第6章

(1) Edwin O. Reischauer, *The United States & Japan*. New York: The Viking Press, 1950; Reischauer, *Wanted: An Asian Policy*. New York: Alfred A. Knopf, 1955(E・O・ライシャワー著，アジア協会訳『転機にたつアジア政策』一橋書房，1967年).
(2) 『フォーリン・アフェアーズ』39巻，1960年10月-61年7月，11-26頁.
(3) 『ライシャワー自伝』236頁.
(4) Edwin O. Reischauer, "Japan-America-Prospects as of Late Summer, 1962," September 21, 1962, Japan-US, NSA-00171.
(5) Edwin O. Reischauer, *My Life between Japan and America*. New York: Harper & Row, 1986,『ライシャワー自伝』. エドウィン・O・ライシャワー，ハル・ライシャワー著，入江昭監修『ライシャワー大使日録』講談社，1995年，315, 319頁. ジョージ・R・パッカード著，森山尚美訳『ライシャワーの昭和史』講談社，2009年.

(6) Edwin O. Reischauer, "Japan-America-Prospects as of Late Summer, 1962," September 21, 1962, Japan-US, NSA-00171.
(7) Guideline of US Policy toward Japan, May 3, 1961, Japan-US, NSA-00098.
(8) Saxton Bradford, AMEMBASSY, Tokyo to U.S. Department of State, "Attitude of Japanese Intellectuals towards the United States," June 4, 1952, 511. 94/6-452, U.S. Department of State, National Archives, Maryland, U.S.A.
(9) 蔵原惟人「ライシャワー氏の哲学とアメリカの「平和戦略」」『文化評論』27号，1964年1月，15頁．
(10) ファーズは，対話ができる日本の代表的な知識人として高木八尺東京大学名誉教授を，報道関係者の代表として笠信太郎朝日新聞論説主幹の名前を挙げた．Entry of April 29, 1960, Charles B. Fahs Diaries, Rockefeller Archive Center.
(11) Entry of April 8, 1959, Charles B. Fahs Diaries, Rockefeller Archive Center.
(12) Secret Memorandum of Conversation. U.S. Department of State, Bureau of East Asian and Pacific Affairs, Office of Japanese Affairs, November 29, 1966, Japan-US, NSA-00613.
(13) Edwin O. Reischauer, "Japan-America-Prospects as of Late Summer, 1962," September 21, 1962, Japan-US, NSA-00171.
(14) Edwin O. Reischauer, "Japan-America-Prospects as of Late Summer, 1962," September 21, 1962, Japan-US, NSA-00171.
(15) Department of State Policy on the Future of Japan--Secret Policy Paper, June 26, 1964. Japan-US, NSA-00329.
(16) Divergence of Views between Defense and State Departments regarding Ryukyus. U.S. Department of State to Edwin O. Reischauer, May 24, 1966. Japan-US, NSA-00568.
(17) U.S.-Japan Relations; Memorandum Attached. Secret Memorandum. Edwin O. Reischauer to Dean Rusk, July 14, 1965. Japan-US, NSA-00492.
(18) ジョージ・R・パッカード『ライシャワーの昭和史』287頁．
(19) 蔵原惟人「ライシャワー氏の哲学とアメリカの「平和戦略」」『文化評論』27号，1964年1月，5頁．
(20) 池井優『駐日アメリカ大使』文藝春秋，2001年，87頁；渡辺靖『アメリカン・センター――アメリカの国際文化戦略』岩波書店，2008年，79頁．
(21) Reischauer's Assessment of U.S.-Japan Relations, August 7, 1961, Japan-US, NSA-00126; 福田恆存「ライシャワー攻勢ということ」『文藝春秋』1963年10月号．
(22) The Economic Situation in Japan, January 13, 1960, Japan-US, NSA-00022; Proposal for High-level Review of US Policy toward Japan, March 12, 1960, Japan-US, NSA-00033.
(23) Edwin O. Reischauer, "Japan-America-Prospects as of Late Summer, 1962,"

September 21, 1962, Japan-US, NSA-00171.
(24) Edwin O. Reischauer, "Japan-America-Prospects as of Late Summer, 1962," September 21, 1962, Japan-US, NSA-00171; 孫崎享『戦後史の正体 1945-2012』創元社，2012年，226頁．
(25) 『ライシャワー自伝』311-12頁．
(26) 孫崎享『アメリカに潰された政治家たち』小学館，2012年；春名幹男『ロッキード疑獄』角川書店，2020年を参照．
(27) 『ライシャワー自伝』320-21，367頁．

第7章
(1) ちなみに10年後の1970年にはその数は，31万5211人に達した．Sheila K. Johnson, *American Attitudes Toward Japan, 1941-1975*. AEI-Hoover policy studies 15, November, 1975, pp. 83-84; ジョージ・R・パッカード『ライシャワーの昭和史』278頁より引用．
(2) ヒュー・ボートン『戦後日本の設計者　ボートン回想録』338頁．
(3) Visit of Prime Minister Ikeda to Washington, June 20-23, 1961, June 16, 1961, Japan-US, NSA-00114; Charles B. Fahs, RG 2A 44, Series 4, Box 11, Folder 184, Charles B. Fahs Papers, Rockefeller Archive Center; 日米共同声明，1961年6月22日，細谷他編『日米関係資料集 1945-97』521-23頁；鹿島平和研究所編『日本外交主要文書・年表　第2巻　1961-70』原書房，1984年，342-44頁．
(4) "CULCON was his (Reischauer's カッコ内は筆者) inspiration." Eric Gangloff, Executive Director of Japan-United States Friendship Commission (筆者宛，2011年11月12日付書簡)，Charles Burton Fahs Papers/ RG 2A 44/ Series 4/ Box 11/ Folder 184, Rockefeller Archive Center; ヒュー・ボートン著，五百旗頭真監修，五味俊樹訳『戦後日本の設計者　ボートン回想録』朝日新聞社，1998年，338頁；Tadashi Yamamoto, Akira Iriye, and Makoto Iokibe, eds. *Philanthropy & Reconciliation: Rebuilding Postwar U.S.-Japan Relations*. Tokyo: Japan Center for International Exchange, 2006. p. 90.
(5) Excerpt from Bulletin of July 30, 1938 setting up the Division of Cultural Relations in the Department of State in "History of the Government's Educational Exchange and Cultural Relations Programs," January 1955, File 10, Box 103, Bureau of Educational and Cultural Affairs Historical Collection (以後CUと略称), Manuscript Collection 468, University of Arkansas Libraries (以後UALと略称), Fayetteville, Arkansas, U.S.A.; Charles A. Thomson & Waler H. C. Laves, *Cultural Relations & U.S. Foreign Policy*. Bloomington, Indiana University Press, 1963, pp. 28, 37.
(6) Howard Rowland Ludden, The International Information Program of the

United States: State Department Years, 1945–1953. Ph. D. diss., Department of Politics, Princeton University, 1966.

(7) The Text of the President's statement and of the Executive Order is given in Department of State Bulletin, 1945, 13: pp. 306–307, quoted in Charles A. Thomson & Waler H. C. Laves, *Cultural Relations & U.S. Foreign Policy*. p. 58.

(8) Walter L. Hixton, *Parting the Curtin: Propaganda, Culture, and the Cold War, 1945–1961*. London: Macmillan, 1997, p. 5.

(9) William Benton, "Statement," Department of State Bulletin, September 23, 1945, 430, as quoted in Howard R. Ludden, "The International Information Program of the United States: State Department Years, 1945–1953," Ph. D. diss., Princeton University, Princeton, N.J., 1966, p. 44.

(10) Address given by Archibald MacLeish, Assistant Secretary of State, before the annual meeting of the Association of American Colleges, Atlantic City, New Jersey, January 10, 1945, Bureau of Educational and Cultural Affairs Historical Collection, U.S. Department of State, manuscript number 468, box 301, file 34, Special Collections Divisions, University of Arkansas Libraries, Fayetteville, Arkansas.

(11) 拙著『戦後日本におけるアメリカのソフト・パワー』岩波書店，2008 年，150–51 頁.

(12) 北山馨「パブリック・ディプロマシー――アメリカの外交戦略」『レファレンス』2003 年 4 月，134 頁.

(13) Congressional Record, 79th Congress, 1st session. September 27, 1945, p. 9044; 近藤健『もうひとつの日米関係――フルブライト教育交流の四十年』ジャパンタイムズ，1992 年，25，44–45 頁.

(14) 大蔵省財政史室『昭和財政史――終戦から講和まで　第 3 巻　アメリカの対日占領政策』東洋経済新報社，1976 年，271 頁.

(15) 合衆国情報・教育交流法は，法案の成立に貢献したニュージャージー州選出のアレクサンダー・スミス上院議員とサウスダコタ州選出のカール・マント下院議員に敬意を表して，別名スミス＝マント法とも呼ばれる.

(16) 陣崎克博「フルブライト交流計画」アメリカ学会編『原典アメリカ史　第 6 巻』岩波書店，1981 年，338–340 頁.

(17) Walter L. Hixton, *Parting the Curtin: Propaganda, Culture, and the Cold War, 1945–1961*. p. 5; Rosemary O'Neil, "A Brief History of Department of State Involvement in International Exchange," Fall 1972, Bureau of Educational and Cultural Affairs Historical Collection, U.S. Department of State, box 103, file 12, Special Collection Division, University of Arkansas Libraries, Fayetteville, AR. U.S.A.

(18) リチャード・T・アーント著，杉山恭訳「米国の文化・広報外交――きわど

いバランス」『国際問題』388 号，1988 年 5 月，41-60 頁．
(19) Rockefeller Foundation Archives, RG 1. 2; Series 609; Box 5, Folder 32. Rockefeller Archive Center, New York.
(20) John Whitney Hall Papers, Box 2, Folder 38, Yale University Library, Manuscripts and Archives, New Haven, Connecticut, U.S.A.;『日米フォーラム』8 巻 3 号，1962 年 4 月，50-58 頁．
(21) 佐藤薫「日米文化教育会議の概要」『文部時報』1016 号，1962 年 4 月．
(22) ヒュー・ボートン「日米文化関係の過去・現在・未来」『日米フォーラム』8 巻 3 号，1962 年 4 月，6 頁．
(23) コンピューターのない時代に 234 頁に及ぶ，ガリ版刷りの『日米文化・教育交流の 10 年間 1952-1961』報告書が，カルコン会議のために準備されたということは，当時の大学院教育の徒弟制度において中屋教授の院生がいかに「重要な」役割を果たしたかを物語っている．ところで，同報告書の 9 割はシュワンテス，残りの 1 割は中屋教授(実際には同教授の門下生の清水知久氏)によって執筆されたとのことである．清水知久，筆者宛書簡，2008 年 7 月 18 日付．
(24) ヒュー・ボートン「日米文化関係の過去・現在・将来」『日米フォーラム』8 巻 3 号，1962 年 4 月，1-9 頁．
(25) ちなみに 1966 年の第 3 回目のカルコンの後，フォード財団は，日本における英語教育法の改善を促すため，日本の英語教育協議会(エレック The English Language Education Council)に対して 100 万ドルを寄付した．Minutes of First Meeting held June 7, 1966 in the Department of State of American Committee on United States-Japan Educational and Cultural Cooperation, RG 59 General Records of the Department of State, RG 59, Entry A1 5413A, Box 2, Cultural Exchange, 1966, National Archives, Maryland, USA; Robert W. Barnett (Deputy Assistant Secretary for Far Eastern Affairs) to Joseph E. Slater (The Ford Foundation), January 25, 1966. RG 59 General Records of the Department of State, RG 59, Entry A1 5413A, Box 2, Cultural Exchange, 1966, National Archives.
(26) 中屋健一「日米文化交流の推進へ」『東京新聞』(夕刊)1962 年 1 月 18 日，8 頁．
(27) Rockefeller Foundation Archives, RG 1. 2; Series 609; Box 5, Folder 32, Rockefeller Archive Center, New York, U.S.A.
(28) 北川隆吉「日米文化交流と「大学」の自治」『文学』30 巻 5 号，1962 年 5 月，101 頁．
(29) 松本重治『聞書・わが心の自叙伝』講談社，1992 年，181-94 頁；『松本重治先生に聞く』(American Studies in Japan, Oral History Series, vol. 9)東京大学アメリカ研究資料センター，1980 年；C. B. Fahs Diaries, April 8, 1959. Rockefeller Archive Center, New York.

(30)　「文化及び教育の交流に関する日米合同会議の最終コミュニケ」『日米フォーラム』8巻3号，1962年4月，33頁；中屋健一「日米教育文化会議の成果」『日米フォーラム』8巻3号，1962年4月，42-49頁．
(31)　「文化及び教育の交流に関する日米合同会議の最終コミュニケ」『日米フォーラム』8巻3号，1962年4月，33-38頁．
(32)　財団法人アメリカ研究振興会『四十年の歩み』2009年2月．この資料は，2011年9月当時，アメリカ研究振興会常務理事の油井大三郎教授のご厚意によるものである．
(33)　上原淳道「日米の文化・教育の交流についての雑感」『思想』453号，1962年3月，143頁．
(34)　上原淳道，前掲，142頁．
(35)　ジョージ・R・パッカード『ライシャワーの昭和史』284頁．
(36)　資金提供の内容は，東洋文庫の近代中国研究センターに対して，1962年より3年間で合計15万4000ドル(5552万円相当)，フォード財団は5年で合計17万3000ドル(6228万円相当)を提供するという．アジア・フォード両財団からの支援額は，日本の中国研究に対する1962年の文部省の科学研究費総額の15倍に当たるということであった．中国研究者研究団体連絡会議『アジア・フォード財団資金問題に関する全中国研究者シンポジウムの記録』中国研究者研究団体連絡会議，1962年；市原麻衣子「アジア財団を通じた日米特殊関係の形成？——日本の現代中国研究に対するCIAのソフト・パワー行使」『名古屋大学法政論集』2015年2月．
(37)　上原淳道「日米の文化・教育の交流についての雑感」『思想』453号，1962年3月，144頁．
(38)　北川隆吉「日米文化交流と「大学」の自治」『文学』30巻5号，1962年5月，104頁．
(39)　『史学雑誌』「回顧と展望」76編5号，1966年．
(40)　福田恆存「軍刀の独走について」『文藝春秋』1964年5月号，84頁．
(41)　Charles B. Fahs Diaries, April 15, 1956. 12. 1 Diaries, Box 18, Folder Trip to the Far East 1956, Rockefeller Foundation Archives, Rockefeller Archive Center, New York.
(42)　東京大学＝スタンフォード大学共催のアメリカ研究セミナーについては，拙著『戦後日本におけるアメリカのソフト・パワー』第7章を参照．

第8章

(1)　相互教育文化交流法(Mutual Educational and Cultural Exchange Act of 1961, MECEA)は，フルブライト＝ヘイズ法とも呼ばれる．
(2)　Philip H. Coombs, *The Fourth Dimension of Foreign Policy: Educational and Cultural Affairs*. New York: Harper & Row, Publishers, 1964.

(3) 近藤健『もうひとつの日米関係』62-64 頁.
(4) 大蔵省財政史室『昭和財政史――終戦から講和まで 第3巻 アメリカの対日占領政策』272 頁;浅井良夫「ドッジ・ラインと経済復興」油井大三郎,中村政則,豊下楢彦編『占領改革の国際比較 日本・アジア・ヨーロッパ』三省堂,1994 年,172 頁.
(5) 浅井良夫「ドッジ・ラインと経済復興」『占領改革の国際比較』167,188 頁;孫崎享『戦後史の正体 1945-2012』133 頁;エドウィン・O・ライシャワー,ハル・ライシャワー『ライシャワー大使日録』315-16 頁.
(6) ジョージ・R・パッカード『ライシャワーの昭和史』311-12 頁.
(7) 大蔵省財政史室編『昭和財政史――終戦から講和まで 第13巻 企業財務,見返資金』東洋経済新報社,1092-95 頁;ジョージ・R・パッカード『ライシャワーの昭和史』308 頁;「ガリオア・エロア返済処理協定」細谷他編『日米関係資料集 1945-97』534-40 頁;Michael H. Hunt, "The American Remission of the Boxer Indemnity: A Reappraisal," *The Journal of Asian Studies*, vol. XXXI, No. 3, May 1972, pp. 539-59; Memorandum. Robert E. Ward to John W. Hall, James W. Morley, And Edwin O. Reischauer, July 8, 1970, John W. Hall Papers, Manuscripts and Archives, Yale University Library, New Haven, Connecticut, U.S.A.
(8) Edwin O. Reischauer to Robert E. Ward, the University of Michigan. July 17, 1970. John W. Hall Papers, Manuscripts and Archives, Yale University Library. 「ガリオア・エロア返済処理協定」細谷他編『日米関係資料集 1945-97』534-40 頁.
(9) Department of State Policy on the Future of Japan-Secret Policy Paper, June 26, 1964. Japan-US, NSA-00329; Policy Assessment-Japan, 1965 May 2, 1965 Confidential Airgram A-1299 United States Embassy (Japan) to Joseph O. Zurhellen, Jr. Counselor of Embassy. Japan-US, NSA-00560.
(10) "The GARIOA Fund and US-Japan Educational Exchange." Undated. John W. Hall Papers, Manuscripts and Archives, Yale University Library; Memorandum from Robert E. Ward to John W. Hall, James W. Morley, and Edwin O. Reischauer, July 8, 1969. John W. Hall Papers, Manuscripts and Archives, Yale University Library.
(11) 1964 年の連邦政府の文化外交費には,国務省の教育文化局 The Bureau of Educational and Cultural Affairs (CU) や米国広報文化交流局 (USIS),それに,国際開発局 Agency for International Development (AID) のプログラム運営費が含まれていた. Philip H. Coombs, *The Fourth Dimension of Foreign Policy: Educational and Cultural Affairs*. p. 141.
(12) Future of Japan〔Highlights from the Secretary's Policy Planning Meeting Held May 5, 1964〕May 11, 1964. Japan-US, NSA-00321.
(13) しかし,1971 年 8 月 15 日にニクソン大統領が,金とドルの交換一時停止な

どのドル防衛政策を発表し，ドルが切り下げられた(円が切り上げられた)ために，ガリオア基金残額は1700万ドルに増えた．そして，1973年の暮れには1900万ドルを少し上回るに至った．"The GARIOA Fund and US-Japan Educational Exchange." Undated. John W. Hall Papers, Manuscripts and Archives, Yale University Library; Memorandum from James F. Crane to James Hoyt. Subject: "The GARIOA Fund and US-Japan Educational Exchange," November 5, 1969. Tokyo A-1318, Box 364, EDX 1. National Archives, Maryland.

(14) The U.S.-Japan Over-all Relationship. Department of State, Bureau of Far Eastern Affairs, June 1966, Japan-US, NSA-00572.

(15) Memorandum from James F. Crane to James Hoyt. Subject: "The GARIOA Fund and US-Japan Educational Exchange," November 5, 1969. Tokyo A-1318, Box 364, EDX 1. National Archives, Maryland. 当時の米国の対日貿易赤字額は，1965年の1億1300万ドルから1971年には25億1700万ドルへと跳ね上がっていた．日本関税協会『外国法益概況』，日本銀行『国際収支統計月報』，Economic Report of the President. U.S. Council of Economic Advisers, *Economic Indicators*. 松水征夫「日米経済関係の再検討――貿易収支の問題を中心にして」中・四国アメリカ学会第7回報告，275頁より引用．

(16) US Financial and Military Expenditure Relationships with Japan. August 22, 1967, Japan-US, NSA-00702.

第9章

(1) ジョージ・R・パッカード『ライシャワーの昭和史』296頁．

(2) US Policy Assessment-Japan 1965. From Joseph O. Zurhellen, Jr. AMEMBASSY, Tokyo to the Department of State, May 2, 1966. Japan-US, NSA-00560.

(3) 東京大学＝スタンフォード大学共催のアメリカ研究セミナー，それに京都アメリカ研究セミナーについては，拙著『戦後日本におけるアメリカのソフト・パワー』第7-8章を参照．

(4) 『アメリカ研究』1号，1967年．なお，(第2次)アメリカ学会の前身である(第1次)アメリカ学会の創設については，拙著『戦後日本におけるアメリカのソフト・パワー』第7章，223-228頁を参照．

(5) 有賀貞，大下尚一他編『新版 概説アメリカ史』有斐閣，1979年，16-17頁．

(6) 米国のニューレフト史家でアメリカ史研究者にウィリアム・A・ウィリアムズをはじめ，ロイド・ガードナー，ウォルター・ラフィーバー，トマス・マコーミック，ハワード・B・ショーンバーガーらがいた．そして，1960年代から70年代にかけて*Studies on the Left*が，米国のニューレフト史学の学術専門誌の役割を果たした．

(7) *The Bulletin of Concerned Asian Scholars*が「憂慮するアジア研究者委員会CCAS」の学術機関誌であった．マーク・セルダン「報告　我々は何を憂慮する

か」『朝日ジャーナル』1970年3月8日号，17頁．CCASについては，小杉修二「アメリカにおけるアジア研究者の新しい動き――C.C.A.S.の活動について」『歴史学研究』355号，1969年12月，54-58頁；金原左門『「近代化」論の転回と歴史叙述』中央大学出版部，2000年．

(8) 有賀貞，清水知久「アメリカ史学界の最近の動向」『歴史学研究』263号，1962年3月，30-35頁；清水知久「アメリカのアメリカ史研究者たち」『歴史学研究』280号，1963年9月，38-42頁；清水知久，筆者宛書簡，2008年7月18日付．

(9) 清水知久『アメリカ帝国』亜紀書房，1968年；清水知久「アメリカを根底から考え直す」『中央公論』1969年1月，54-72頁．

(10) 川島武宜「近代日本史の社会科学的研究――1960年箱根会議の感想」『思想』442号，1961年4月；U.S. Policy Assessment-Japan, 1965. May 2, 1965. U.S. Embassy (Japan) to J. Owen Zurhellen, Jr. Counselor of Embassy. Japan-US, NSA-00560.

(11) 沖縄米軍基地について言えば，沖縄において米軍は7万4000エーカーの土地を軍基地にしており，そこでは米国の軍人4万4000人と3000人の米国人の被雇用者，2万8000人の米国人扶養家族，それに米軍に雇用された5万3000人の現地の被雇用者や軍関係の請負人が住んでおり，すべてを合わせると，12万8000人であった．そして，琉球における米国の支出額は，1966会計年度では沖縄総生産額の半分以上に当たる2億3950万ドルであった．Future Use of Ryukyuan Bases. Earle G. Wheeler, US Joint Chiefs of Staff, July 20, 1967. Japan-US, NSA-00695. また，米軍基地で働く労働者の解雇問題について，「フィリピンからの来沖(沖縄―筆者)が多かったのは1940年代後半から50年代前半まで．ほとんどが独身男性で，多いときには6000人が働いていたようです．……しかし，結局，フィリピン人労働者は1965年で全員解雇され」たと，永井良和氏は述べている．永井良和『南沙織がいたころ』朝日新聞出版，2011年，234-35頁；Japanese Reaction to Proposed Readjustment of US Air Force in Japan, From Dean Rusk to Edwin O. Reischauer. October 7, 1963. Japan-US, NSA-00274.

(12) エドウィン・O・ライシャワー，ハル・ライシャワー『ライシャワー大使日録』137頁．

(13) 吉川勇一「べ平連　69年から70年へ――市民運動の可能性」『世界』1970年5月号，197-203頁．

(14) Message from Prime Minister Sato of Japan, August 30, 1965. Japan-US, NSA-00511.

(15) US-Japan Relations Secret Action Memorandum from William P. Bundy to Secretary of State Dean Rusk, September 3, 1965. Japan-US, NSA-00512. ライシャワー米大使は，1970年を「大きな瀑布(a major "waterfall")」と捉えていた．

Memorandum of Conversation: U.S. Policy in the Ryukyu Islands Secret. July 16, 1965. Japan-US, NSA-00498.

(16) Report of Bureau of Far Eastern Affairs Official Jonathan Moore's Trip to Far East. Attached; Confidential Memorandum, November 17, 1965. Japan-US, NSA-00531; Divergence Views between Defense and State Departments regarding Ryukyus. From U.S. Department of State to Edwin O. Reischauer, May 24, 1966. Japan-US, NSA-00568.

(17) 在日米軍基地の数と面積は，旧安保条約発効の1952年当時，2824カ所，13億5300万平方メートルであったのが，1970年3月には，126カ所，3億625万平方メートルに激減した．この事実からも明らかなように，日本における米軍基地闘争の激化への対応として，基地を都市部から都市周辺部，郊外へ移転し，かつ本土から沖縄へ移転したことが挙げられよう．吉川勇一氏によれば，返還された米軍基地の95パーセントまでが，自衛隊によって使用されているという．吉川勇一「東京に基地があること」『世界』1971年4月，155-62頁；U.S. Policy Assessment-Japan 1965. From Joseph O. Zurhellen, Jr. AMEMBASSY, Tokyo to the Department of State, May 2, 1966. Japan-US, NSA-00560; Our Ryukyus Bases Report of Ryukyus Working Group. September 1, 1966. Japan-US, NSA-00599.

(18) Memorandum of Conversation: U.S. Policy in the Ryukyu Islands Secret. July 16, 1965. Japan-US, NSA-00498.

(19) Divergence of Views between Defense and State Departments regarding Ryukyus. From U.S. Department of State to Edwin O. Reischauer, May 24, 1966. Japan-US, NSA-00568; Future Use of Ryukyu Bases, Earl G. Wheeler, U.S. Joint Chief of Staff, July 20, 1967. Japan-US, NSA-00695.

(20) Memorandum of Conversation: U.S. Policy in the Ryukyu Islands. July 16, 1965. Japan-US, NSA-00498;「沖縄問題」をめぐるライシャワー米大使の米軍部・国防総省とのやり取りについては，西山太吉『検証 米秘密指定報告書「ケーススタディ沖縄返還」』第2章の41-65頁が詳しい．ところで，当時の日米両政府は，北太平洋漁業問題や民間航空協定問題，それに前述したガリオア返済金問題などの懸案を抱えていた．Frictions in U.S.-Japanese Relations. From William P. Bundy, Department of State Assistant for Far Eastern Affairs to George Ball, Under Secretary of State, November 9, 1964. Japan-US, NSA-00360; エドウィン・O・ライシャワー，ハル・ライシャワー『ライシャワー大使日録』324頁．

(21) エドウィン・O・ライシャワー，ハル・ライシャワー『ライシャワー大使日録』234-59，330頁；「ライシャワー駐日大使，日本のマスコミのヴェトナム報道を批判」(1965年10月7日)細谷他編『日米関係資料集1945-97』633頁．

(22) Confidential Memorandum: "Recent Activities of Ambassador Reischauer:

Information Memorandum," From Robert A. Fearey to Mr. Berger, Mr. Barnett, February 28, 1966. National Archives, Maryland.

(23) ジョージ・R・パッカード『ライシャワーの昭和史』353-56頁；U. Alexis Johnson, *The Right Hand of Power: The Memoirs of an American Diplomat.* New Jersey: Prentice-Hall, 1984. U・アレクシス・ジョンソン著，増田弘訳『ジョンソン米大使の日本回想』草思社，1989年．

第10章

(1) Reversion of Okinawa and the Bonins. Top Secret Memorandum. From Assistant Secretary of Defense to the Secretary of Defense, August 7, 1967. Japan-US, NSA-00699; 西山太吉『検証 米秘密指定報告書「ケーススタディ沖縄返還」』66-69頁．

(2) 西山太吉『検証 米秘密指定報告書「ケーススタディ沖縄返還」』74頁．

(3) Memorandum of Conversation. Takeo Miki, Minister of Foreign Affairs, Japan, Takeso（ママ）Shimoda, Ambassador of Japan, The Secretary, U. Alexis Johnson, Ambassador to Japan. September 16, 1967. Japan-US, NSA-00758.

(4) 米政府側は，沖縄返還交渉の一時休止の要因に沖縄返還交渉に対する日本政府の準備不足を挙げていた．U・アレクシス・ジョンソン『ジョンソン米大使の日本回想』218頁．

(5) たとえば，1970年における在日米軍駐留費はおよそ6億7000万ドルであった．そのうちの3億7000万ドルが，米軍兵士や軍属の物品購入費などに充てられた．その額にはヴェトナム戦争関連の経費も含まれていた．3億7000万ドルに加えて，2億6400万ドルが沖縄において費やされ，その大半が回りまわって日本経済を潤した．その埋め合わせとして，日本は，戦車，銃砲，航空機など年間約1億ドルの軍事ハードウェアを米国から域外調達した．NSSM-12[122]Policy toward Japan: Part One: Political, Psychological, and Security Aspect of the Relationship: Unite States National Security Council, Japan-US, NSA-01391.

(6) Okinawa-Preparation for Sato Visit. Secret Information Memorandum. From U. Alexis Johnson to Winthrop G. Brown. Bureau of East Asian and Pacific Affairs, Department of State, October 28, 1969. Japan-US, NSA-01137.

(7) Top Secret National Security Decision Memorandum 13（NSDM-13）, Policy toward Japan. May 28, 1969. Japan-US, NSA-01074;「米国家安全保障決定覚書第13号「対日政策」」（1969年5月28日）細谷他編『日米関係資料集 1945-97』777頁；西山太吉『検証 米秘密指定報告書「ケーススタディ沖縄返還」』119-20頁．なお，NSDM-13については西山太吉『検証 米秘密指定報告書「ケーススタディ沖縄返還」』から多くを学ばせて頂いた．ここに記して謝意を表したい．

(8) White House Memorandum. The President's Private Meeting with the British Prime Minister Edward Heath, Monday, December 20, 1971. Japan-US,

NSA-01479.

(9) 我部政明氏はこの点について，沖縄返還によって米政府が1972年から77年までの間に得た利益は6億ドル余りであったと述べている．具体的には，返還に伴う財政・経済取決において，「米政府は……返還協定第7条と秘密合意により，現金あるいは物品および役務により3億9500万ドルを得たばかりでなく，通貨交換後において1億ドル以上の米ドルを無利子で預金させ，国際収支の悪化を防いだ．さらに，日本へ施政権を返還することで年間2000万ドルが節約となった」と．我部政明『沖縄返還とは何だったのか』日本放送出版協会，2000年，206頁．

(10) The White House. Joint Communique between President Richard Nixon and The White House. Joint Communique between President Richard Nixon and His Excellency Prime Minister Sato of Japan. November 21, 1969. Japan-US, NSA-01174;「日米共同声明」(1969年11月21日)細谷他編『日米関係資料集1945-97』786-99頁．

(11) Background and Objectives. Secret Talking Points. Department of State, November 00, 1969. Japan-US, NSA-01145.

(12) Talking Points for Sato Visit, November 00, 1969. Japan-US, NSA-01146.

(13) Military Importance of Okinawa. Secret Cable #008249. From Department of State to Armin H. Meyer, October 8, 1969. Japan-US, NSA-01130; Top Secret memorandum of Conversation. Department of State, November 19, 1969. Japan-US, NSA-01169.

(14) Top Secret memorandum of Conversation. Department of State, November 19, 1969. Japan-US, NSA-01169; 我部政明『沖縄返還とは何だったのか』156-57頁．

(15) Talking Points for Sato Visit, November 00, 1969. Japan-US, NSA-01146.

(16) U. Alexis Johnson, "Global Strategy Seminar," at Naval War College, New Port, Rhode Island, June 13, 1972. Records of U. Alexis Johnson, 1932-1977. RG No. 59, Box 4, Entry A1, 5550. National Archives, Maryland, U.S.A.「1970年代」論に関しては，大内兵衛『1970年』岩波書店，1969年；読売新聞国際情勢調査会編『1970年——安保改定へのアプローチ』読売新聞社，1966年；大澤真幸，佐藤美奈子，橋本努，原武史編『1970年転換期における「展望」を読む』筑摩書房，2010年；日本政治学会編『危機の日本外交——70年代』岩波書店，1997年などがある．

(17) U.S. and Japan in the Year of Boar. Confidential Cable #012742. December 29, 1971. United States Embassy (Japan). Japan-US, NSA-01487.

(18) "U.S. forces in Japan are not there to defend Japan proper (that is Japan's responsibility) but instead are for the strategic defense of Korea, Taiwan, and Southeast Asia. This view is not shared by…most Japanese. Many of them see the presence of U.S. Forces as threat in that the uses to which they are put

could embroil Japan in a conflict not of Japan's own making." Summit Consultations: Japan, January 6-7, 1972. Japan-US, NSA-01492.

(19) Defense Support Costs-Japan, Confidential Cable #201016. November 3, 1971. Japan-US, NSA-01459.

(20) 斎藤眞，筆者宛書簡，1997年9月7日付．

(21) 主要な資料・研究書を挙げれば，佐藤榮作，伊藤隆監修『佐藤榮作日記』第1-6巻，朝日新聞社，1998-99年；楠田實，和田純，五百旗頭真編『楠田實日記』中央公論新社，2001年；若泉敬『他策ナカリシヲ信ゼムト欲ス』文藝春秋社，1994年；我部政明『沖縄返還とは何だったのか』；中島琢磨『沖縄返還と日米安保体制』有斐閣，2012年；西山太吉『検証 米秘密指定報告書「ケーススタディ沖縄返還」』．「密約」については，澤地久枝『密約――外務省機密漏洩事件』中央公論社，1974年；西山太吉『沖縄密約』岩波書店，2007年；西山太吉『機密を開示せよ』岩波書店，2010年；有識者委員会「いわゆる「密約」に関する有識者委員会報告書」2010年3月9日；吉田敏浩『密約――日米地位協定と米兵犯罪』毎日新聞社，2010年；石井修『ゼロからわかる核密約』柏書房，2010年；波多野澄雄『歴史としての日米安保条約――機密外交記録が明かす「密約」の虚実』岩波書店，2010年；信夫隆司『若泉敬と日米密約』日本評論社，2012年，などがある．

(22) 「沖縄返還協定」細谷他編『日米関係資料集1945-97』822-34頁．

(23) 中島琢磨『沖縄返還と日米安保体制』318-19頁．

(24) 中島琢磨，前掲書．

(25) 西山太吉『検証 米秘密指定報告書「ケーススタディ沖縄返還」』103-10頁．

(26) 「佐藤・ニクソン共同声明」(1972年1月7日)細谷他編『日米関係資料集1945-97』849-52頁．

(27) 日本が構想中の文化交流計画とは，71年9月9-10日にワシントンで開催された第8回日米貿易経済合同委員会(U.S.-Japan Joint Economic Committee Meeting)において，福田外相が日米間のコミュニケーション・ギャップ問題を取り上げ，教育，文化，科学，スポーツの分野における日米の人物交流を促進するために，日本が単独で3000万ドルを拠出する用意がある旨の提案を指している．Your Meeting with Japanese Prime Minister Sato in San Clemente January 4, 1972. Japan-US, NSA-01497.

おわりに

(1) Talking Points for Sato Visit, Department of State, November 00, 1969, Japan-US, NAS-01146; Background-Okinawa [excised] Issues, Top Secret Background Paper, Department of State, Japan-US, NSA-01149.

(2) Okinawa Top Secret Conversation. November 19, 1969, Japan-US, NAS-01169; Okinawa Reversion Negotiations, Top Secret Cable, November 20, 1969,

Japan-US, NSA-01172; "…return of the administrative rights over Okinawa... should not hinder the effective discharge of the international obligations assumed by the United States for the defense of countries in the Far East including Japan." Sato/Nixon Joint Statement, November 21, 1969. Hosoya, Aruga, Ishii, and Sasaki, eds. A Documentary History of U.S.-Japanese Relations, 1945-1997. pp. 786-99.

(3) たとえば，外務省東郷文彦条約局長は，沖縄返還に関する1969年11月の佐藤・ニクソン共同声明を巡る協議において，「たとえ日本政府が事前協議を求めたとしても米国の軍事力を低下させるようなことはしない．沖縄における米軍の展開に「否(ノー)」の返事はしない(Togo said that if a situation arose which required combat operations from Okinawa, our common interest would lead him to believe that GOJ (Government of Japan) would not anticipate saying "No".)」と発言していた．Military Importance of Okinawa, Secret Cable #008249 From U.S. Embassy (Japan) to Armin H. Meyer, Japan-US, NSA-01130; General Wheeler Stresses Okinawa's Importance. October 9, 1969, Japan-US, NSA-01131; Talking Points for Sato Visit, Department of State, November 00, 1969, Japan-US, NSA-01146; Background-Okinawa [excised] Issues, Top Secret Background Paper, Department of State, Japan-US, NSA-01149.

(4) トマス・J・マコーミック『パクス・アメリカーナの五十年』92頁．

(5) Background Paper on Factors Which Could Influence National Decisions Concerning Acquisition of Nuclear Weapons. December 12, 1964. Japan-US, NSA-00374; SRG Meeting, August 27, on NSSM 122-Japan. Secret Information Memorandum. August 31, 1971. Japan-US, NSA-01425.

(6) Thomas J. McCormick, "American Hegemony and European Autonomy, 1989-2003: One Framework for Understanding the War in Iraq," in Lloyd C. Gardner and Marilyn B. Young, eds. *The New American Empire: A 21st Century Teach-in on U.S. Foreign Policy*. New York: The New Press, 2005. p. 112.

松田 武
1945年生まれ．1979年，ウィスコンシン大学大学院歴史学研究科修了(Ph. D.)．京都外国語大学・京都外国語短期大学教授，前学長．専攻はアメリカ史，アメリカ対外関係史，日米関係史．著書に『戦後日本におけるアメリカのソフト・パワー――半永久的依存の起源』『対米依存の起源――アメリカのソフト・パワー戦略』(ともに岩波書店)など．

自発的隷従の日米関係史――日米安保と戦後

2022年8月9日　第1刷発行
2022年11月25日　第2刷発行

著　者　松《まつ》田《だ》 武《たけし》

発行者　坂本政謙

発行所　株式会社 岩波書店
〒101-8002 東京都千代田区一ツ橋2-5-5
電話案内 03-5210-4000
https://www.iwanami.co.jp/

印刷・三陽社　カバー・半七印刷　製本・松岳社

ISBN 978-4-00-061551-8　Printed in Japan